RESEARCH ON MONITORING ENTERPRISE DEBT RISK

企业债务风险监测研究

陈森 著

中国金融出版社

责任编辑：王雪珂
责任校对：孙　蕊
责任印制：丁淮宾

图书在版编目（CIP）数据

企业债务风险监测研究 / 陈森著． -- 北京 ：中国金融出版社，2024. 7. -- ISBN 978 - 7 - 5220 - 2521 - 6

Ⅰ. F279. 23

中国国家版本馆 CIP 数据核字第 2024CT6656 号

企业债务风险监测研究
QIYE ZHAIWU FENGXIAN JIANCE YANJIU

出版发行　中国金融出版社
社址　北京市丰台区益泽路 2 号
市场开发部　(010)66024766，63805472，63439533（传真）
网 上 书 店　www. cfph. cn
(010)66024766，63372837（传真）
读者服务部　(010)66070833，62568380
邮编　100071
经销　新华书店
印刷　涿州市般润文化传播有限公司
尺寸　169 毫米 ×239 毫米
印张　9. 5
字数　96 千
版次　2024 年 7 月第 1 版
印次　2024 年 7 月第 1 次印刷
定价　39. 00 元
ISBN 978 - 7 - 5220 - 2521 - 6

前　言

近年来，受新冠疫情突袭、地缘政治风险升温、国际贸易摩擦升级等多重因素的影响，全球经济进入衰退周期，企业面临较为严重的偿付能力不足问题。为应对衰退，各国在短期内推出了力度较大的刺激政策，进一步推高了本已高企的企业杠杆率。企业债务已成为当前防范和化解重大金融风险的重点问题之一。

基于对国内外典型案例的分析，本书认为企业债务风险的形成原因主要包括三个层面的八大因素。一是宏观层面，包括宏观经济周期、宏观政策变化因素；二是中观层面，包括行业周期、区域发展因素；三是企业微观层面，包括企业股东背景、业务激进扩张、超额对外担保、公司治理不善等因素。

本书综合考虑宏观、中观和微观三个层面的八大因素，以2019年末公开发行公司信用类债券的3000多家企业为样本，采用打分卡、中债市场隐含评级和机器学习三种方法量化监测企业未来一年的债务风险。结果显示：（1）打分卡模型作为传统的信用风险监测方法，具有一定的监测预警效果，但打分卡模型需分行业建模，权重严重依赖主观经验且经常变动，量化结果的横向和纵向可比性较弱；（2）中债市场隐含评级在AA－等级以下的发行人信用风险明显上升，在A＋等级及以下的发行人违约概率较高，若以A＋等级作为预警阈值，2019年末被中债市场隐含评级预警的企业主体有164家，其中，预测到2020年发生违约主体的50家中的34家；（3）目前，信用债市场的历史违约率为1.6%，若以违约率2%作为预警阈值，2019年末被机器学习模型预警的企业主体有184家，其中，预测到2020年发生违约主体的50家中的35家；（4）同时被中债市场隐含评级和机器学习模型列入2020年预警范围的企业主体有79家，其中，预测到2020年发生违约主体的50家中的32家；（5）三种方法都只能监测因偿债能力恶化导致的企业债务风险，部分企业因偿债意愿低下导致的债务风险在一定程度上拉低了课题研究结果的准确度。

综合考虑三种方法的预测效果、优势和局限性，本书提出以下政策建议：（1）可同时发挥中债市场隐含评级和机器学习模型的功能，将两种方法预测结果的交集作为重点关注的高风险企业范围，在缩小预警范围的同时提升预警精准性，降低防范和化解风险的成本；（2）进一步扩大监测预警模型的非财务指标范围，如税收、司法、招聘等数据指标，不断提高模型预测的准确性和预测频率；（3）建立企业债券信息披露数据库，提高基础数据质量，夯实企业债务风险监测预警的数据基础。

目　录

第一章　绪论 …… 001
一、研究背景 …… 001
二、研究意义 …… 002
三、研究目标 …… 003
四、研究方法 …… 004

第二章　相关文献综述 …… 006
一、企业债务风险界定和现状 …… 006
二、企业债务风险形成机理 …… 008
三、企业债务风险评估和监测 …… 013
四、企业债务风险预警机制 …… 018

第三章　企业债务风险的形成机理和演化过程 …… 020
一、境外企业债务风险演化的案例分析 …… 020
二、境内企业债务风险演化的案例分析 …… 024
三、基于案例分析的企业债务风险形成机理 …… 033

第四章　企业债务风险的识别和评估 …… 041
一、宏观风险的识别和评估 …… 041
二、中观风险的识别和评估 …… 045
三、微观风险的识别和评估 …… 054

第五章　基于打分卡的债务风险监测预警 …… 061
一、评价方法 …… 061
二、样本选择 …… 064
三、权重与分数设定 …… 065
四、结果分析 …… 075
五、债务风险预测和展望 …… 080
六、评价方法的优势与局限 …… 083

第六章　基于中债市场隐含评级的债务风险监测预警 …… 085
一、中债市场隐含评级介绍 …… 085
二、中债市场隐含评级影响因素 …… 086
三、中债市场隐含评级信用风险揭示作用 …… 088
四、中债市场隐含评级稳定性 …… 091
五、中债市场隐含评级与违约实证分析 …… 092
六、中债市场隐含评级的优势和局限性 …… 094

第七章　基于机器学习模型的债务风险监测预警 …… 095
一、企业样本选择 …… 095

二、风险指标筛选 …… 096
三、机器学习模型的理论基础 …… 096
四、风险预警实证过程 …… 100
五、实证结果分析 …… 109
六、机器学习模型的优势和局限性 …… 113

第八章 企业债务风险监测预警机制建设方案 …… 116
一、总体目标 …… 116
二、基本原则 …… 117
三、主要任务 …… 118
四、保障措施 …… 121

第九章 主要研究结论 …… 125

参考文献 …… 129

第一章　绪　　论

一、研究背景

近年来，随着中国经济进入中高速增长阶段，企业债务风险加快暴露。其具体表现在信贷市场的不良款率和信用类债券的违约率攀升上。将企业债务风险监测预警前置于风险管控端口，是防控非金融企业风险的重要抓手。

（一）监测企业债务风险是防范重大金融风险的主要举措。党的十八大以来，党中央、国务院高度重视金融风险防范工作，将防范和化解金融风险列为决胜全面建成小康社会的“三大攻坚战”之一。从杠杆率角度看，非金融企业杠杆率是宏观杠杆率的主要推动力，企业债务风险是需要防范的重大金融风险之一。对企业债务风险进行实时动态监测预警，是当前形势下贯彻落实党中央、国务院防范和化解重大金融风险工作部署的重要举措。

（二）调整债务风险结构是供给侧结构性改革的必然要求。结构性降杠杆是供给侧结构性改革的重要工作内容之一，是产业结构转型升级的重要推动力之一。企业债务风险监测预警机制可根据国家供给侧结构性改革要求，分地区、分行业建立预警阈值，有保有压地推动企业杠杆率结构性调整，精准服务国家产业结构升级战略。

（三）建立企业债务风险防控预警机制可前移风险管控端口。相比于“亡羊补牢”式的风险处置，“未雨绸缪”式的风险监测预警，可实现风险的早预警、早发现、早防范、早处置，有利于预防企业债务风险发生后对经济社会可能造成的冲击，降低防范和化解企业债务风险的成本和代价。

二、研究意义

企业杠杆率是宏观杠杆率的主要组成部分，企业债务风险是重大金融风险之一。建立和完善企业债务风险监测预警机制是守住不发生系统性金融风险底线、保障国民经济稳定运行的客观要求。

（一）防范企业债务风险是当前牢牢守住不发生系统性金融风险底线的客观要求。近年来，受新冠疫情冲击，国际贸易摩擦升级影响，全球经济已经进入衰退周期，企业面临严重的偿付能力不足问题。与此同时，为应对疫情冲击，各国在短期内推出了力度较大的刺激政策，推动本已高企的杠杆率进一步上升。企业债务问题已经成为当前防范和化解重大金融风险需要高度警惕的重点领域。

（二）建立企业债务风险监测预警机制是防范企业债务风险最高效的方式。建立企业债务风险监测预警机制，前移风险管理端口，可实现对风险的早期干预，减小风险发生时对经济社会可能造成的严重冲击，降低企业债务风险防范化解的成本和代价。

（三）动态监测企业债务风险是保障国民经济长期稳健运行的必然选择。企业债务风险监测预警机制是企业债务管理的重要外部约束力量，建立行之有效的企业债务风险监测预警机制可引导企业审慎开展融资、投资、担保等经营活动，抑制企业，尤其是国有企业盲目扩张的冲动，确保企业杠杆率保持在合理水平，夯实国民经济长期稳健运行的微观基础。

三、研究目标

本书的研究目标主要包括以下五个方面。

（一）基于典型案例分析企业债务风险的形成机理。风险的形成和演化机理是识别、评估、监测、预警风险的基础。本书首先对国内外典型的企业债务违约案例进行分析，重点分析国有企业债务风险的形成原因、恶化过程和传导机制，提炼出企业债务风险形成的一般规律。

（二）企业债务风险的形成原因一般包括宏观经济波动、中观行业调整、微观企业经营三个方面。本书从宏观经济、中观行业和微观企业三个层面初步识别和评估当前我国企业的债务风险情况。

（三）构建企业债务风险监测预警的指标体系。本书根据企业债务风险的形成原因，从宏观经济、中观行业、微观企业三个层面立体构建企业债务风险的指标体系。由于行业差异较大，指标体系的构建将重点研究行业的特色指标。

（四）建立企业债务风险监测预警的基础模型。本书根据中国国有企业信用风险的特点，初步选择打分卡、隐含评级和机器学习三种方法作为本书研究的基础模型。

（五）构建企业债务风险监测预警运行机制。本书从组织保障、技术保障、制度保障和权责设置等方面完善企业债务风险监测预警机制，构建安全高效的保障体系，确保企业债务风险监测预警机制的可行性，推动企业债务风险监测预警机制尽快落地实施，发挥监测预警功能。

四、研究方法

本书的研究方法主要包括以下四个方面。

（一）案例分析和经验总结相结合的研究方法。本书在分析国内外个别企业债务违约风险案例的基础上，总结出企业债务风险形成和演化的一般规律。

（二）文献研究和调查研究相结合的研究方法。企业面临的宏观经济风险和微观企业风险的衡量指标主要采用文献研究方法，辅助采用调查研究方法；而中观行业风险的衡量指标则主要采用调查研究方法，辅助采用文献研究方法。

（三）定性分析和定量分析相结合的研究方法。企业债务风险的识别、分类和评估研究主要采用定性研究方法，企业债务风险监测预警实证分析则主要采用定量研究方法。

（四）理论研究和政策研究相结合的研究方法。本书整体框架的构建主要采用理论研究方法，以经济周期理论、信用风险理论和全面风险管理理论为基础，构建内容全面、逻辑清晰、重点突出的研究框架。企业债务风险监测预警保障体系的研究主要采用政策研究方法，从组织保障、技术保障、制度保障和权责机制等方面，提出保障监测预警系统安全高效运行的具体政策建议。

第二章　相关文献综述

一、企业债务风险界定和现状

（一）企业债务风险界定

本书研究的企业债务风险主要是指企业债务违约风险。一般来看，企业债务违约可界定为：受评企业债务涉及偿付义务的所有当事方，包括但不限于债务人、担保人，未能在协定或依行业规定的到期日（或回售日）及宽限期间内，按照事先合同约定进行及时、全额的对应的债务项下的本金和利息偿付。

中债资信、中证鹏元等评级机构进一步将违约区分为主体违约和债项违约，受评主体发生不利于债权人的困境债务重组行为，以及解散、破产、依法被接管等被认定为“主体违约”；债项到期前涉及偿付义务的全部当事方均明示不偿还该到期债务，触发交叉违约条款、事先约束条款等被认定为“债项违约”。主体违约并不一定导致特定受评债项违约，受评债项违约则意味着主体一定违约。

（二）企业债务风险现状

2008年全球金融危机以来，伴随着政府一揽子经济刺激措施和扩张性货币政策，中国非金融企业部门债务快速累积，其所蕴含的金融风险已屡遭各大国际金融机构警示（陆婷，2015）。标普称，中国非金融企业债务余额在2014年底已达到16.1万亿美元，超过美国跃居全球企业债规模榜首；麦肯锡的估算也显示，中国非金融企业债水平全球最高，成为危机后中国总体杠杆率上升的主要驱动力。马秀斌和张庆君（2020）通过对比国际清算银行的统计数据，发现我国非金融企业部门杠杆率由2008年的97.5%上升至2018年的151.6%，增幅高达54%；对比同期发达国家非金融企业部门杠杆率由88.7%上升至91.3%，增幅仅为3%，由此可见，我国非金融企业债务水平增长幅度远大于发达国家。

国际经验表明，无论是公共部门还是私人部门，过高的杠杆水平和过快的杠杆增速意味着国家需要承担较高的债务风险与系统性风险，极易导致金融危机的爆发并最终造成经济衰退（谭小芬和李源，2018）。摩根士丹利资产管理公司的首席宏观策略分析师鲁奇尔·夏尔马（Ruchir Sharma）在《国家的崛起与衰落》一书中对从1600年至今的经济数据进行了分析，结果发现，若一国私人非金融部门债务与GDP的比值在五年之内增幅超过40%，那么这个国家在接下来的五年中将很有可能陷入危机。为此，众多学者和国际研究机构纷纷建议，国家应重视非金融企业部门杠杆率快速上涨的问题，积极主动寻求降低杠杆的方法，以防止债务风险和系统性风险的发生。

在此背景下，我国开始大力推动供给侧结构性改革，以及包括“去杠杆”在内的“三去一降一补”五大任务，非金融企业降杠杆取得初步成效。同期，我国债券市场信用风险也得以逐渐释放，债券违约现象趋于常态化。具体而言，2015—2019 年，我国债券市场违约债券数量达到 309 只，涉及金额为 2496.43 亿元（李萌和王近，2020）。我国信用债市场违约已扩展至所有债券类型，无论发行方式是公募还是私募，无论流通场所为交易所还是银行间市场，无论发行人属于国企、央企还是民企，均已发生多起违约案例（郭文涛，2019）。在宏观经济增长影响企业盈利、金融去杠杆导致企业再融资难度加大等因素影响下，前期非金融企业债务率的快速增长加重了未来偿还债务的负担，债务违约风险成为当前我国企业债务面临的主要风险。

二、企业债务风险形成机理

（一）宏观层面因素

宏观经济环境不可避免地会对企业生产经营活动产生影响，金融市场周期性变化也会作用于企业的投融资行为，从而给企业债务违约风险带来系统性影响（李萌和王近，2020）。陈卫东和熊启跃（2017）指出，经济增速的下滑使 GDP 增速与非金融企业债务增速的剪刀差不断拉大，债务水平/GDP 的数值不断攀升。李晚晴和田野

（2018）进一步研究发现，衡量我国企业微观杠杆率的指标（资产负债率）与衡量我国宏观杠杆率的指标（企业部门债务/GDP）存在背离，我国企业债务率具有明显逆周期性特征。陆婷（2015）指出，如果一个国家企业部门的债务利息率在一定时期内明显高于 GDP 增长率，即使该企业部门不再发行新的债务，其债务占 GDP 比重也将不断上升，导致企业部门债务不可持续。在实证研究中，国内外学者还将消费增速、通货膨胀、利率、股票市场指数回报率和波动率等宏观经济变量引入公司债券的定价模型（Tang 和 Yan，2006；David，2008；解文增和王安兴，2014）。

关于货币政策对企业债务风险的影响，国内学者普遍认为，宽松的货币政策有利于降低企业债务融资成本，缓解企业融资约束，促使企业债务融资规模上涨（黄志忠和谢军，2013；宋献中等，2014；张朝洋和胡援成，2017）。相比而言，紧缩型货币政策对企业债务风险的影响存在一定的争议，如徐文舸和包群（2016）在区分企业所有制类型时，发现货币紧缩期间企业的债务融资比例下降，非国有企业的银行借贷等间接融资比例比国有企业下降得更快；汪勇和周俊仰等（2018）通过设立引入“资产负债表衰退”和“金融摩擦”机制的小型开放经济 DSGE 模型，发现紧缩货币政策会降低国有企业的债务融资水平，而民营企业债务融资水平则会上升。在进一步研究中，于静霞和周林（2015）发现货币政策调整及宏观经济波动对信用利差的影响会随着债券信用等级下降、期限加长而逐步增大；郭晔等（2016）则认为，与预期货币政策相比，非预期货币政策所引起的债券信用利差变化更为显著，且货币政策对中长期企业债信用利差的影响比短期债券更为明显。

关于财政政策对企业债务风险的影响，大多学者认为扩张性财政政策的实施会通过减税、增加政府支出等手段增加社会需求和企业投资机会，从而促使企业债务融资规模的上升、影响企业债务风险。谭小芬和李源（2018）进一步指出，相比于发达国家，新兴市场国家经济增长更依赖固定资产投资，这种以投资为主导的经济增长模式也是推升新兴市场国家非金融企业部门杠杆率高企的原因之一。按照明斯基的"金融不稳定假说"理论，当经济繁荣时，经济主体的乐观预期会提高经济主体的风险承担意愿，由此推动经济主体杠杆率上升。随着乐观情绪的蔓延、企业杠杆率的增加，投机性融资和庞氏融资企业的比重在不断上升，使企业债务风险增大。

（二）中观层面因素

关于政府背景对企业债务风险的影响，周梅和刘传哲（2013）发现，政府信用主导是我国债券市场存在的缺陷，为了缓解这个问题，要完善信息披露、信用评级和以信用违约互换为基础的责任承担机制。陆正飞等（2015）认为，由于我国存在政府隐性担保这一非正式制度，短期来看，国有企业很可能面临过度负债的局面，导致债务违约风险升高。汪莉和陈诗一（2015）引入时间递归模型进行分析，结果表明政府隐性担保与债券利率和债券违约概率之间存在因果关系，在经济走势较好时，在政府提供隐性担保后，实证结果的信用价差与之前存在很大差距。刘再杰和李艳（2016）认为，随着债券市场化程度的提高，债券违约风险也会加大，出现违约事件是必然结果。保护债券市场稳健运行和债权人的利益，需要结束政府一贯的隐性担保，树立违约风险防范意识，以及建立债券违约发生后的处理制度。

关于行业周期对企业债务风险的影响，高伟和徐春雨（2013）对公司债券和公司债券违约风险的影响因素进行研究，得出了传统能源行业的债券信贷利差较大的结论。曹振江（2011）根据我国煤炭行业资源整合、并购重组、资金扩张、建设周期长等情况，进行国有大型煤炭企业财务危机形成的研究，提出煤炭行业财务危机的防范措施。过新伟（2012）通过实证研究发现，中小企业的信用风险存在行业上的异质性，其重要原因在于，同一行业中小企业的财务指标具有一定的相似性，使用同一行业企业构建模型时能很好地提取这种相似性，进而提高模型对样本的拟合程度。曹勇等（2016）认为，不同行业的债务违约及破产概率差异较大，其关键财务指标的分布特征也存在较明显差异。

（三）微观层面因素

立足企业自身开展的债务违约风险影响因素研究主要关注企业财务状况。鲍新中等（2012）通过实证研究，从 32 个初选财务指标中筛选出现金流量指标、资本机构指标、成长能力指标、偿债能力指标、盈利能力指标等九个指标。田思思（2014）引入企业层面指标，通过债务期限结构、公司治理能力及财务信息等研究债券违约风险的影响因素。余敏和朱兆珍（2015）对我国创业板 260 家上市公司进行了预警，并选取了净资产收益率、现金与利润总额比、营业利润率、资产负债率、流动比率、销售收到现金比率、存货周转率、应收账款周转率和固定资产周转率等指标。余欣媛（2017）通过引入流动比率、速动比率和销售利润率等因素建模，证明这些因素对债券违约风险具有显著影响。

部分学者认为，企业非财务指标对企业债务风险的影响同样不可忽视。黄善东（2007）以我国上市公司为研究对象，通过运用因子分析和非参数检验构建了基于财务指标的 Logistic 财务危机预警模型和基于引入治理因素的 Logistic 财务危机预警模型，实证检验表明，公司治理结构中的第一大股东所派董事数量与财务危机呈负相关关系，并能显著提高模型预判的准确性。王宗军和李红侠（2006）以我国上市公司为研究对象，建立了引入非财务信息的财务危机预警模型，实证结果表明，大股东持股比例、独立董事占比、国有股比例、审计意见、股权集中度与企业财务危机呈负相关关系。白智慧（2013）选取了 26 个财务指标和 14 个非财务指标，其中，非财务指标（包括董事会品质、年内监事会会议次数、股权结构、Z 指数、审计行为、高管占比等）会负作用于公司财务危机，且研究结果发现，引入非财务指标的财务危机预警模型的预测准确度确实得到了提升。刘玉敏等（2016）在财务指标的基础上引入公司治理、EVA 等非财务指标因素，研究发现，加入非财务指标的预测准确率比其他方法有了明显的提高，能为我国上市公司的财务预警提供理论依据。

三、企业债务风险评估和监测

债务风险评估是企业信用评级、信用审核、资产定价、债务风险预警的重要依据和基础。伴随着经济发展和技术进步，企业债务风险评估模型趋于完善，评估结果也在不断精确。从企业债务风险评估的发展进程看，大体可以分为三类方法：第一类是以定性分析为主的古典分析方法；第二类主要是以统计学和非统计学为定量基础的违约预测模型，包括判别分析模型、Logistic 模型和机器学习模型等；第三类是债务风险度量高级模型，主要是基于经济金融理论的衍生模型。

（一）古典分析方法

专家判断方法是一类最古典的债务风险评估模型，是由经验丰富的专家结合已有的金融知识、经验和与主体相关的财务信息，来对主体信用风险的高低进行主观判断并得出具体数值。其中，判断依据都是由专家的金融知识和获贷企业的定性信息来决定的。基于风险评价要素的异同，古典债务风险分析方法大体可以分为七种形式，包括 5C 分析法①、5P 分析法②、5W 分析法③、4F 分析法④、

---

① 5C 分析法是指从资本实力（Capital）、品质（Character）、偿付能力（Capacity）、经营环境（Condition）和抵押担保（Collateral）五个要素进行风险评估。

② 5P 分析法主要从借款用途（Purpose）、债权保障（Protection）、还款来源（Payment）、未来前景（Perspective）和个人状况（Personal）五个方面进行风险评估。

③ 5W 分析法则是从借款人（Who）、还款期限（When）、担保物（What）、借款用途（Why）和还款方式（How）五个方面进行风险评估。

④ 4F 分析法是指从经济要素（Economic Factor）、管理要素（Management Factor）、财务要素（Financial Factor）、组织要素（Organization Factor）四个方面对风险进行评价。

LAPP 分析法[①]、CAMPARI 分析法[②]和 CAMEL 评级法[③]（也称“骆驼”评级法）。从本质上看，上述七种古典债务风险分析法在内容上大同小异，都是按照客户品质、资本实力、偿贷能力、抵押担保、经营环境等影响因素进行定性分析（过新伟，2012）。

古典分析方法的优点在于具有较强的实际操作性，容易推广使用，但它也存在主观性强、随意性大和不一致性等局限。尽管古典分析法存在一定缺陷，但这一评估思想的优点却被信用评级公司所青睐。目前，国际三大信用评级机构标准普尔公司（Standard 和 Poor's Financial Services LLC）、穆迪投资者服务公司（Moody's Investors Service LLC）和惠誉国际信用评级公司（Fitch Ratings）对金融资产的信用评级，以及国内绝大多数信用评级机构常用的“打分卡”信用评分方法，都是以古典分析法为基础开发出来的。

（二）违约预测模型

1. 判别分析模型

随着统计学和计量学的逐渐发展，专家学者开始探索利用企业的财务数据建立的单变量数理模型来预测企业有没有可能违约。William Beaver（1966）的研究表明，企业现金流/总负债、净收入/

---

① LAPP 分析法是指从贷款客户的流动性（Liquidity）、活动性（Activity）、盈利性（Profitability）、潜力（Potentialities）四个方面进行风险评估。

② CAMPARI 分析法是从七个方面评估风险，即品质（Character）、偿债能力（Ability）、投资所获利润（Margin）、贷款目的（Purpose）、贷款数额（Amount）、还款方式（Repayment）和贷款抵押（Insurance）。

③ CAMEL 评级法主要从五个方面进行风险分析，即资本充足率（Capital adequacy）、资产质量（Asset Quality）、管理水平（Management）、盈利状况（Earnings）、流动性（Liquidity）。

总资产、总债务/总资产是判断企业是否会违约的最有效指标。基于多元判别分析方法的奠基性，财务困境预警模型由 Altman（1968）建立，他从 22 个财务指标中甄选出 5 个指标，包括流动性、盈利能力、杠杆比率、偿债能力和活跃性，利用多元判别分析方法构建了经典的 Z－Score 模型。Altman 等（1977）随后将原来的 5 个财务指标换成了包括资产收益、收益稳定性、债务偿还能力指标在内的 7 个指标，构建了升级版的 Z－Score 模型，即 ZETA 评分模型，得到了国内外学者的广泛应用。国内学者陈静（1999）、张爱民等（2001）、王丽（2008）都将此方法应用于判别分析企业债务风险研究。

2. Logistic 模型

Logistic 模型与多元判别分析方法有相似之处，即通过计量回归方法得出客观定量的企业债务风险评估结果。不同点在于 Logistic 回归模型的被解释变量是取值为 0 或 1 的定性因变量，违约企业赋值 1、未发生过违约则赋值 0，理论上不要求自变量的样本必须服从正态分布，且模型估计结果可直接对企业债务是否违约进行二元分类，简洁明了的特征使其被学者广泛应用。

Ohlson（1980）最早探索利用 Logistic 回归来建立财务困境预警模型，并在建模中将运行正常的公司与陷入财务困境的公司按比例匹配构成样本。刘旻（2001）最早将 Logistic 回归模型应用在对我国上市公司的财务预警问题的研究中，并得出该模型可以有效地预测财务危机的结论。戴红军和冀隆炜（2009）则结合主成分分析构建了 Logistic 回归模型。徐占东和王雪标（2016）结合偏最小二乘法，建立了偏最小二乘法 Logistic 回归模型。

3. 机器学习模型

机器学习模型通过数据分析的方法建立非线性数学模型，并不断地对数据进行自我学习，找到数据规律，从而避免传统信用评估模型中对样本数据分布的限制，并且能更好处理信用评估中的噪声数据和不完备数据等。基于上述技术的优越性，近年来，机器学习被广泛运用到信用评级的工作中。部分学者基于实证分析认为，机器学习模型具有更强的预测能力，如 Odom 等（1990）最早将人工神经网络应用到风险评估中，且相比传统的多元回归分析具有更优越的性能。徐晓萍和马文杰（2011）研究发现，决策树方法相比判别分析法，能更好地判断中小企业的违约率，同时能找出影响企业违约的关键性因素。王庆和姚康（2018）通过比较 Logistic 回归和多种常用机器学习方法，认为基于支持向量机的 Bagging 集成算法在中小企业信用评估中具有更低的误判率。董申和王倩（2017）则认为，机器学习方法预测的信用评级展望，与评级机构通过专家评分法得出的结论相比具有更高的准确率。

此外，还有部分学者将多种违约预测方法结合以提高模型预测精度，如 Prinzie 等（2008）把 Logistic 回归引入随机森林算法并对其进行优化和改进，然后将改进的随机森林算法应用于预测公司的信用风险。陈军飞（2016）认为，将随机森林和支持向量机模型结合比单纯应用支持向量机模型，在企业债主体信用评级中具有更高的预测准确度。方匡南等（2016）指出，传统的 Logistic 回归建立企业运行风险预警模型效果不够好，提出了基于网络结构关系的 Logistic 模型。熊正德（2018）等利用因子分析法对深沪 A 股上市的制造企业财务数据构建风险评价体系，并在违约测度阶段应用 Logistic 回归对不同组样本进行测度。潘永明等（2020）在建立支持向量机模型的基础上引入信息增益，进一步提高供应链中小企业信用风险模型的预测能力。

（三）高级模型法

古典分析模型和违约预测模型主要是以财务或会计信息作为建模基础，最快更新频率只能到每季度，不能满足投资者日常风险管理需求。在此背景下，以市场价格信息为基础的信用风险度量高级模型应运而生，因其通过理论模型测算企业的破产概率和违约概率，也被称为市场模型。信用风险度量高级模型主要包括 KMV 模型、CreditMetrics 模型、CreditRisk + 模型、Credit Portfolio View 模型、穆迪公司隐含评级、中债市场隐含评级[①]等。

考虑到数据可得性，目前国内学者大多对 KMV 模型进行描述、应用和修正。模型描述方面，张佳林和张玲（2000）回顾了 1980 年以来国内外信用风险测度方法的改进和发展方向，且针对性地提出了 KMV 模型；王琼和陈金贤（2002）较为详细地介绍了模型的理论基础，并初步探讨了模型对我国资本市场的适用性等。模型应用和修正方面，马若微（2006）认为，相比于 Logistic 模型和判别分析模型而言，KMV 模型在评估我国上市公司财务失败问题上具有一定的

① 具体模型介绍详见后文基于中债隐含评级的债务风险监测预警。

优势；翟东升等（2009）将ST上市公司和正常经营的上市公司作为配对型研究样本对KMV模型进行检验；彭伟（2012）使用修正后的KMV模型对我国2008—2011年中小企业上市公司进行了实证分析，结果表明，改进模型能较好地预判和度量信用风险。

关于中债市场隐含评级在信用债风险评估中的应用，严一翔和周旭媛（2019）发现，在数据统计期间，80%的违约债券在违约前1个月就会出现中债隐含评级下调的情况，中债隐含评级的预警效果明显领先于外部评级；程昊和齐浩天（2020）认为，中债市场隐含评级具有区分度较高、时效性较强、灵活性较好和全覆盖性等特征，并且运用中债市场隐含评级可以更好地识别高收益债。此外，少数学者采用CreditRisk+模型、CreditMetrics模型和信贷投资组合模型对信用风险进行度量，包括李兴法和王庆石（2006）、李建华等（2008）、彭建刚和吕志华（2009）等。

四、企业债务风险预警机制

在研究企业债务风险成因和评估基础上，如何进一步防范和控制风险也是学者所关注的重点问题。大多学者认为，建立企业债务风险预警机制是债务风险管控的关键所在，如赵秀英（1994）认为，降低财务风险的关键是构建完善的财务风险控制机制，包含对财务风险进行事前、事中和事后控制。朱雅霜（2008）提出，企业应建立健全内部控制制度，实行预算管理，建立财务风险预警系统，采取风险应对策略，防范和控制企业财务风险。孟磊（2008）在对企业财务风险成因进行分析的基础上，提出财务风险的防范与控制措施，包括认真分析财务管理的宏观环境及变化，提高财务决策的科学化水平，加强内部控制制度建设和建立财务预警系统。金涛和徐彪（2010）在论述企业财务风险的内容及其成因的基础上，提出了财务风险的控制策略，如控制企业的经营和投资风险，建立财务预警系统以及完善法人治理结构等。

关于如何建立企业债务风险预警机制，吕明峰（2013）认为，可将模型得出的样本公司违约距离按升序排列后，在每个离散区间内统计出违约公司和非违约公司出现的频数，根据各区间内违约公司出现的频率划定两条（一级、二级）预警线，然后采用预期错判成本的方法对设定的临界值模型进行比较，选择预期错判成本最低的临界值模型。黄琛（2019）认为，可以在债务违约风险测度基础上设立临界值，依托临界值判别风险严重程度，采用“绿、橙、红”三种颜色发出相应预警信号，通过对风险等级变化的监控，在违约真正发生之前实现风险预警。

第三章　企业债务风险的形成机理和演化过程

近年来，债券发行已是企业融资的重要渠道。随着企业发行债券的规模扩大，企业债务风险也加速暴露。2014 年，我国出现首例债券违约事件，打破了我国债券市场“刚性兑付”的神话。之后，我国债券违约事件开始逐渐增加。本章通过分析境内和境外企业债务风险演化的典型案例，梳理提炼风险的形成机理。

一、境外企业债务风险演化的案例分析

（一）拉斯维加斯单轨电车公司案例分析

1. 债务主体基本情况

拉斯维加斯单轨电车公司（以下简称 LVMC）是全美唯一一家私人运营的用于公共交通基础设施建设的公司。拉斯维加斯是美国内华达州最大的旅游城市。在 20 世纪末，该市已有一条连接米高梅大酒店和倍力俱乐部的单轨电车。2000 年，鉴于旅游和博彩业带来

的巨大交通需求，州政府决定将其延长，延长后的单轨电车停靠7个站，沿途经过拉斯维加斯东部几大主要赌场、酒店和会展中心。为经营该项目，内华达州政府发起设立了LVMC。LVMC于2000年9月12日发行了6.5亿美元40年期的项目收益债券。其中，4.5亿美元的优先级债券由Ambac保险公司进行担保，担保后的债券评级为AAA级，其余2亿美元的次级债券没有被担保。

2. 债务风险的形成和演化过程

根据项目规划，单轨电车项目于2004年正式投入使用，延长后的单轨电车预计每年载客量将从2004年的1950万人增长至2010年的2160万人，售票和广告收入将从2004年的5600万美元增长至2010年的7400万美元，债券存续期间的项目净收入将两倍于优先级债券的发行金额。然而在实际运营中，项目的进展却远没有预期的那样乐观。由于列车自动控制系统出现问题，电车投入运营的时间推迟，其间每天都面临较高金额的亏损，此后又接连两次出现列车零件高空掉落的安全事故，迫使系统停工检修，直到2004年底才开始正式运营。电车正式运营之后，乘客量只有预期的60%，然而运营成本却因为高昂的维修费用比预算增加了20%左右。2006年初，公司将电车票价提高了67%左右，较大影响了乘客量并导致了连续亏损，公司开始动用储备基金偿还债务。2008年，优先级债券评级被惠誉下调至CC等级，被穆迪下调至Ca2等级，2008年的经济危机对拉斯维加斯旅游和博彩业产生巨大冲击，储备基金很快被耗尽，债券违约的趋势已难以挽回。

3. 债务风险处置过程和结果

2010 年 1 月 1 日，1680 万美元的债务到期，LVMC 因储备资金耗尽无力偿还，其担保公司 Ambac 也因受到经济危机和房地产市场的影响而面临严峻的流动性危机。2010 年 1 月 1 日，拉斯维加斯单轨电车公司根据破产法向内华达州破产法院提出了破产申请，表示已无力偿还包括 6.5 亿美元债券在内的 11.6 亿美元债务负担。在申请破产过程中，公司仍然处于持续运营状态，甚至尝试引入内华达州交通运输委员会或中国方面的资金支持，将单轨电车向南延伸至麦卡伦国际机场，此方案最终未能实现。2010 年 3 月 25 日，Ambac 公司的信息披露显示，为应对当前的流动性危机，Ambac 公司已将包括 LVMC 在内的 700 多支高风险债务的担保协议组成了隔离账户，威斯康星州保险专员办公室已开始对该隔离账户进行康复程序，但康复计划出台之前不会对账户里的债务进行任何偿付。同年 11 月，Ambac 债券保险集团也因筹资失败申请了破产保护，无法对 LVMC 债券的投资人履行担保合同。2011 年 6 月，LVMC 向内华达州破产法院提出了债务重组方案，即优先级债券的持有人将分三部分获得总计 4035 万美元的偿付，其中包括 1000 万美元现金支付债券（Cash Pay Bonds）、1950 万美元投资债券（CapEx Bonds）、1085 万美元资本资产债券（Capital Appreciation Bonds）。97%的债券持有人都通过了该方案。然而，2011 年 11 月 14 日，内华达州破产法院以可行性不足为由驳回了该方案，认为公司未来的运营状况不足以支持该重组债券的偿付，未来存在着再次重组的可能。该方案被否决后，LVMC 根据法院的意见重新审视了自身的经营状况，经过多次重整估值和计划调整，于半年后提出了新的债务重组方案，即4.5亿美元优先级债券将重组为1300万美元现金支付债券，2055年6月30日到期，年利率为5.5%；2亿美元次级债券持有人不获得任何偿付，总回收率仅为2%。调整后的方案还是获得了81%的债券持有人的投票支持，并于2012年5月9日获得法院批准。

（二）切萨皮克能源公司案例分析

1. 债务主体基本情况

切萨皮克能源公司是一家美国石油和天然气公司，成立于1989年，总部位于俄克拉荷马城。2020年，切萨皮克能源公司是美国第二大页岩气生产商，第三大天然气生产商。1995年，公司股票在纳斯达克纽交所上市交易。2010年，切萨皮克公司在水力压裂技术上取得了重大成功，引发了对此前未开发的页岩储量的争夺，从而改变了美国油气行业，重塑了全球能源市场格局。

2. 债务风险形成和演化过程

2020年3月，因沙特与俄罗斯打响价格战引发全球油价暴跌，2020年第一季度，公司巨亏83亿美元（约合587亿元人民币）。2020年6月，切萨皮克能源公司未按期支付1350万美元债券利息；2020年7月又未能支付1.36亿美元的债务，公司不堪重负。由于无法获得融资，切萨皮克能源公司正在通过破产法庭重组其近90亿美元的债务。

3. 债务风险结果

2020年6月30日，纽交所停止了切萨皮克能源公司的股票交易，并启动了该股的退市程序。届时，公司市值仅为1.16亿美元，而2008年公司市值曾高达375亿美元。惠誉估计，切萨皮克能源公司的债务违约将推动美国能源行业2020年违约率达到17%，而过去12个月的违约率为12.8%。

二、境内企业债务风险演化的案例分析

（一）四川省煤炭产业集团有限责任公司案例分析

1. 债务主体基本情况

四川省煤炭产业集团有限责任公司（以下简称川煤集团）成立于2005年，是四川省属国企，省内最大的国有煤炭公司，为四川省国资委独资控股公司，拥有23家二级子公司，员工5.1万余人，主营烟煤与无烟煤的开采洗选。截至2016年债务违约时，该公司拥有煤炭地质资源储量25.28亿吨，生产矿井26对，核定生产能力为1766万吨/年；在建矿井8对，设计能力为705万吨/年；洗煤厂12座，洗选能力为1510万吨/年。

2. 债务风险形成和演化过程

2011年至2016年，伴随宏观经济增速放缓与经济结构调整，煤炭行业供求失衡日益严重，煤炭价格大幅下跌，煤炭行业景气度持续下滑。煤炭价格指数从2011年末高位的201下降至2016年低位的124。川煤集团虽然是四川省内最大的国有煤炭企业，具有一定区域优势，但在煤炭价格下跌的大背景下，营业收入和净利润连续下滑。

川煤集团的营业收入情况和净利润情况分别如图 3－1 和图 3－2 所示。

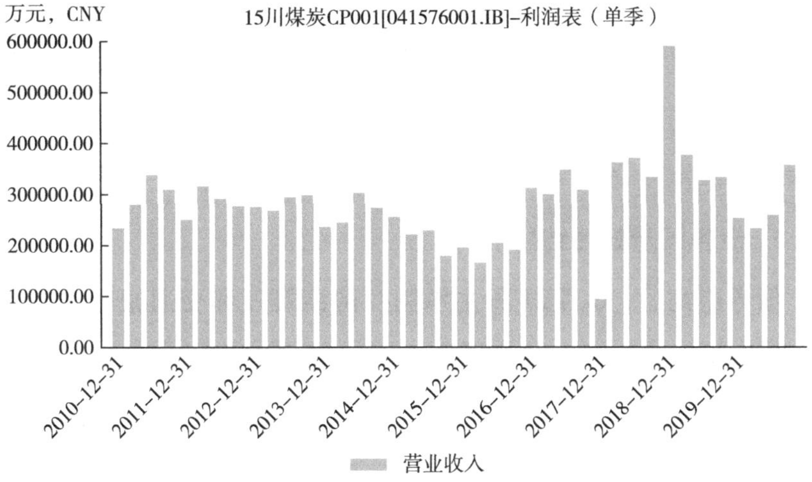

图 3－1　2010 年以来川煤集团的营业收入情况

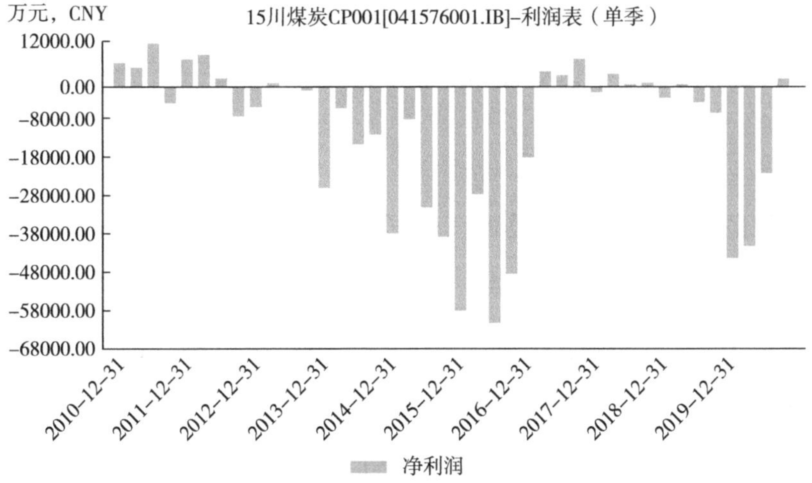

图 3－2　2010 年以来川煤集团的净利润情况

由于煤炭行业下游需求景气低迷，川煤集团作为老国企，期间费用居高不下，盈利能力迅速下降。2012 年以来，净利润亏损且亏损额逐年扩大。15 川煤炭 CP001 于2016 年6 月15 日到期，6 月7 日川煤集团发布了普通兑付公告，但6 月 14 日的公告称“公司资金链紧张，原计划的资金筹措方案尚未落实，15 川煤炭 CP001 到期兑付存在不确定性”，6 月 15 日，公司正式发布违约公告。

3. 债务风险处置结果

债券违约后，6 月 21 日主承销商国泰君安和交通银行主持召开持有人会议，通过了债券持有人有权单独或联合向川煤集团提起诉讼，川煤集团高管需每日两次向持有人进行情况通报、对债券兑付追加增信措施、书面承诺该期短融不进行债转股及逃废债、未经持有人同意不得进行重大资产重置和重大投资等议案。2016 年7 月27 日，川煤集团全额划付了“15 川煤炭 CP001”本息和违约金。

（二）东北特殊钢集团有限责任公司案例分析

1. 债务主体基本情况

东北特殊钢集团有限责任公司（以下简称东北特钢）成立于2004 年9 月，由原大连钢铁、抚顺特钢、北满特钢重组而成，横跨两省（辽宁、黑龙江）三地（大连、抚顺、齐齐哈尔），注册资本为36.44 亿元。辽宁省国资委、黑龙江省国资委、辽宁省国有资产经营公司、东方资产管理公司分别持股46.12%、14.52%、22.68%和16.67%。其中，辽宁省国资委直接和间接持股68.81%，为东北特钢实际控制人。东北特钢以生产经营高质量档次、高附加值特殊钢为主营业务，以善于开发、研制“高精尖急难新特”特钢产品的优势而享誉国内外市场，一直是我国高科技领域所需高档特殊钢材料的主要研发、生产和供应基地。

2. 债务风险形成和演化过程

产能盲目扩张是东北特钢债务风险积累的主要原因。2007 年，因污染严重，东北特钢大连基地迁移至距离市区 70 多千米的登沙河临港工业园区，搬迁改造耗资 150 亿元。随后几年，东北特钢不断进行产能扩张与生产线升级改造。联合资信评级报告显示，截至 2015 年 6 月，东北特钢北满基地、抚顺基地、大连基地尚在进行中的投资规划项目达六项，总投资额为 216.22 亿元。搬迁与扩张导致东北特钢的债务负担大幅上升。东北特钢信息披露显示，其资产负债率从 2007 年的 65.85% 攀升至 2010 年的 87.35%，之后三年均在 85% 左右的高位徘徊。

东北特钢首次违约的债券是“15 东特钢 CP001”，到期兑付日为 2016 年 2 月 28 日。2016 年 3 月 18 日，东北特钢公告表示公司能按期偿付债务。同月 24 日，东北特钢董事长杨华突然自杀身亡，给公司带来了很大的打击，也给公司带来了负面影响。同月 25 日，东北特钢发布公告表示“15 东特钢 CP001”的兑付可能存在不确定性，债券兑付资金还没落实，但公司正在寻求各方帮助，积极通过多种渠道筹集偿付资金。虽然公司发布了风险公告，但当时的投资者普遍存有“国企刚兑”信仰，认为只是简单的延期偿付事件。2016 年 3 月 28 日，东北特钢筹集的资金不足以支付债务。28 日当天，上海清算所发出公告，截至当日日终，仍未足额收到东北特钢集团支付的付息兑付资金，暂无法代理发行人进行本期债券的付息兑付工作，“15 东特钢 CP001”发生实质性违约。

“15 东特钢 CP001”违约后，15 东特钢 SCP001、13 东特钢 MTN2、15 东特钢 CP002、14 东特钢 PPN001 等债券在 13 个月的时间内连续发生 11 次违约，涉及总金额约为 45.36 亿元。

3. 债务风险处置和结果

2016 年 10 月，东北特钢正式提出破产重组。债务重组方案内容包括：（1）被重组的债务总额为 456 亿元人民币；（2）普通债权人持有 50 万元以下的部分将根据债权人意愿 100% 清偿；（3）超过 50 万元的部分，非金融类债权人和债券持有人有两种选择：一是拿到所持债务的 22.09% 作为一次性现金偿付，二是将其转换为股权；（4）金融类债权人持有超过 50 万元的部分将全部转换为股权；（5）引入两位战略投资者（宁波梅山保税港区锦程沙洲股权投资有限公司和本钢板材股份有限公司）给东北特钢合计注入 55 亿元，分别换取集团 43% 和 10% 的股权。该方案的债权人表决情况为，出资人组和职工债权组的同意率均为 100%，其他各债权组的同意率均在 80% 以上。

（三）上海华信集团股份有限公司案例分析

1. 债务主体基本情况

上海华信国际集团有限公司（以下简称上海华信），成立于 2003 年，是一家经营范围包括对金融类公司、能源产业、石油化工、交通基础设施进行投资管理的民营公司。根据其发布的《2017

年度第五期超短期融资券募集说明书》，截至 2017 年 9 月末，上海华信资产总计 1830.2 亿元，负债高达 1278.8 亿元。其中，商业银行贷款 486 亿元、待偿还债券 296 亿元。

2. 债务风险形成和演化过程

公司治理不完善是上海华信债务风险形成的主要原因。2018 年 3 月 1 日，中国华信能源有限公司董事长叶简明被证监会调查后，华信系公司面临重大不确定性，多数陷入资金紧张局面，并涉及多起诉讼。负面信息冲击导致评级机构对公司主体的评级大幅下调，融资能力受到严重限制，引发多项债券到期不能偿付。

2018 年 3 月至 5 月，中诚信将上海华信主体评级从 AAA 级逐渐下调至 BB 级。2018 年 5 月 21 日，“17 沪华信 SCP002” 未能按期偿付，本金及利息合计为 20.89 亿元，首次发生违约，主体信用评级被调为 C 级，无评级展望。截至 2019 年 12 月 31 日，上海华信累计违约债券共 13 支，违约本息总额达 202.19 亿元。

3. 债务风险处置进程

2019 年 12 月，上海华信申请破产重组并被法院受理。2020 年 3 月，包括上海华信在内的 4 家 “华信” 系公司进入实质破产清算程序。

（四）华晨汽车集团控股有限公司案例分析

1. 债务主体基本情况

华晨汽车集团控股有限公司（以下简称华晨集团），是 2002 年根据中央决定，经辽宁省政府批准设立的国有独资公司。其中，辽宁省国资委持股80%，辽宁省社会保障基金理事会持股20%。华晨集团2020年半年报显示，集团总负债为1328.44亿元，扣除商誉和无形资产后，资产负债率为71.4%，期末现金及现金等价物余额为326.77亿元。截至2020年10月债务风险爆发前，华晨集团主体评级为AAA级。

2. 债务风险形成和演化过程

主营业务经营不善是华晨集团债务风险形成的主要原因，其优质资产和利润主要来源于其间接持有的50%华晨宝马股份。2020年上半年，华晨集团净利润为40.45亿元，同比增长了25.24%，但剔除华晨宝马的利润分成，总体亏损达3.4亿元，截至2020年6月末，华晨集团货币资金为513.8万元，其中，不可动用的资金是167.6亿元，主要为票据保证金，可动用货币资金为346.2亿元，主要为华晨宝马254.8亿元。

2020年1月至8月，华晨集团涉及二十多起法律诉讼。8月10日华晨集团相关债券价格出现大幅下跌，8月12日“19华汽01”价格下跌幅度达28.65%。2020年9月开始，评级公司陆续下调华晨集团评级至BBB级。10月23日，“17华汽05”发生实质性违约。

3. 债务风险处置进程

除“17华汽05”之外，华晨集团尚存13只债券尚未兑付，涉及金额为162亿元。2020年10月26日起，交易所停牌其全部上市交易债券。2020年11月，沈阳市中级法院受理了格致汽车科技股份有限公司对华晨集团进行重整的申请。

（五）海航集团有限公司案例分析

1. 债务主体基本情况

海航集团有限公司（以下简称海航集团）成立于1993年，1999年，海航集团在上交所上市。经历27年的发展，海航集团从单一的地方航空运输企业发展成为跨国企业集团，是中国四大航空公司之一。

2. 债务风险形成和演化过程

业务过度扩张是海航集团债务风险形成的主要原因。海航集团作为民企中的佼佼者，从白手起家到负债千亿元，是其多轮战略扩张的结果。海航集团成立之初就积极采用高杠杆、上市融资、引进外资等多种手段扩张规模，其后的扩张可以分为航空主业内的跨区域扩张与2004年以后的多元化发展。激进融资下，2017年以来，公司流动性风险逐步暴露。2017年末，海航集团总资产达1.23万亿元，是2015年末总资产的2.63倍，是2004年资产总额的6.5倍。从行业分布看，除主营的航空业务外，还涉及物流、金融、酒店、旅游、地产等多个行业。

2017年以来，在国内去杠杆的大背景下，海航融资难度和融资成本不断攀升。2017年6月，银监会要求对海航集团的债务授信开展风险排查，海航旗下企业陆续曝出债务逾期、信用违约事件，上市公司质押股权被暂时冻结，信用崩盘。用财务费用/有息负债衡量债务成本可以看出，从2014—2018年海航集团平均债务成本从3.34%一路攀升至6.31%，其中，2018年的财务费用高达332.62

亿元，而同期利润总额仅为5.87亿元。2019年中期报告显示，海航集团的有息借款总额超过5548亿元，其中，短期借款及一年内到期的非流动负债分别达到951亿元和781亿元，而同期持有的货币资金仅为819亿元。目前，海航集团已展期债券4只，余额为67.8亿元。

3. 债务风险处置进程

2020年2月，海航集团公告称公司流动性风险加剧，应公司请求，海南省人民政府牵头成立“海南省海航集团联合工作组”推进集团风险处置。

（六）天津海泰投资担保有限责任公司案例分析

1. 发行人和担保人基本情况

天联滨海复合材料有限公司（以下简称天联复材）于2013年1月28日发行“12津天联”中小公司私募债，债券金额为5000万元，票面利率为9%，期限为两年。债券由天津海泰投资担保有限责任公司承担不可撤销连带担保责任。天津海泰投资担保有限责任公司（以下简称海泰担保），是由天津市滨海高新区管委会牵头、高新区财政出资组建的政策性担保机构，注册资本为5亿元。

2. 债务风险形成和演化过程

2014年7月29日，“12津天联”私募债到期，发行人天联复材因资金链断裂而无法支付本息。

2013年下半年，天津民营企业家翟家华因涉嫌经济犯罪被拘捕，海泰担保被发现在对翟家华的担保贷款管理上存在严重问题，与海泰担保合作的多家银行要求其提前还贷，从而使海泰担保资金链在2014年骤然绷紧，也未能按照担保函约定履行代偿义务，创下国有担保公司在交易所市场违约的首单案例。

三、基于案例分析的企业债务风险形成机理

（一）宏观层面因素

1. 经济下行压力

从国内外市场进程的表现看，全面性债券违约事件的出现与宏观经济的下行有较强关联，在此期间，公司将面对巨大的经营压力。宏观经济上行时期，各类公司均能维持其信贷能力，流动性吃紧的概率较低。而当经济下行，公司经营出现问题时，其经营性现金流难以覆盖其债务，最终导致违约事件发生。

自2014年伊始，国内债券市场频频出现债券违约事件。随着经济增速下降，债券的违约概率经历了爆发式增长。2015年的GDP增速显著下降，而此时期债券的违约量明显增加。而后伴随经济增长的适度回暖趋势，债券违约量也有一定程度的减少。这说明宏观经济情况会在一定程度上影响债券的违约发生，作为宏观经济分析的重要依据，GDP可以较灵敏地对债券的违约情况进行反馈。

宏观经济景气一致指数同样能对宏观经济的情况加以反馈。2013年至2015年，宏观经济景气一致性指数在持续震荡中下行，之后出现振荡上行的趋势。在相同时期内，债券发生违约的事件持续

增加，而后于2017年有一定程度的减少，这说明宏观经济景气指数与债券违约事件的发生有一定的相关性。

2. 宏观政策调整

宏观经济政策包括财政政策、货币政策和金融监管政策等，都将显著影响企业债务融资成本、资金可获得性和债务偿还能力。自2005年首只短期融资券问世，纯信用债券市场开启，至2014年超日债违约，长达十年之久都没有发生过一起违约，与彼时中国宏观经济周期上行、社会融资规模维持快速增长、债券市场总量没有显著扩容和尚未打破刚性兑付都有关系。2015年，伴随着近年“经济新常态”的到来，去产能、降杠杆、调结构、优化产业等措施逐步推进，广义信贷增速有所回落，部分产能过剩行业企业融资受到较大影响，出现一波信用债券违约小高潮。2017年末，以“资管新规”为标志的结构性去杠杆持续推进、再融资全面收紧，企业财务报表显示筹资现金流同比回落，2018年开始因再融资断裂引发的债券违约潮迅速占据主导地位，并呈现出传染性、聚集性、高发性特征。

此外，宏观产业政策导向也成为债券违约的重要影响因素。例如，近年来国务院以及原环保部、证监会、上交所等相关部门陆续出台一系列支持和推进我国节能环保产业发展的政策，同时对传统煤炭、电力、石化等传统能源企业生产过程中污染物处理、生产结束后的污水等废料处理提出更严格的要求，直接导致此类传统能源企业经营成本增加，并在一定程度上降低了市场对此类行业的产品需求，进一步压缩其利润空间，影响企业对已发行债券的偿还，四川煤炭、东北特钢等都是典型案例。

（二）中观层面因素

1. 区域发展情况

区域的分化，区域内产业链的相关性、互保和信用事件导致的融资收缩使信用风险呈现出区域性、传染性和聚集性特点。一方面，区域经济景气和金融繁荣程度直接影响到区域内公司的经营和融资状况，而反过来公司的经营又会直接决定区域经济和财政收入。另一方面，同一区域内的公司依托共同的资源和产业优势，要么是同行业，要么形成产业链的上下游关系，受同一风险因素影响，容易出现多米诺骨牌效应。而且同区域内的公司还会有比较多的资金往来、互相担保等融资关系，一旦其中一家公司出现兑付困难，就会引发多家公司的资金链传导效应，进而引发风险。其中，互保在获得融资时通过增强彼此的经济联结性而提高融资能力，但从偿债角度看，这既提高了互保双方负债/或有负债规模，又提高了彼此的违约相关系数，从而使联合违约概率提高。

2018 年，山东民企互保圈风险逐步引爆，大量参与其中的公司最终以违约和大面积破产告终，如大海、金茂、西王、东辰等。此外，在目前信用风险仍比较低的城投板块，少见的城投评级下调最主要的理由集中在对区域内其他公司（包括民企）的担保代偿风险上升引发的各类风险事件，进而导致提供担保的城投公司再融资难度明显上升，例如，济宁城投计划为如意增资，提供存量债券担保，后又撤资等事件引发市场对其广泛关注和债券发行难度上升。

2. 行业结构调整

根据生命周期理论，对一个行业而言，通常涵盖以下几个时期：

引入期，处于该时期的公司，因其刚开始经营发展，公司不确定性较强，易发生违约的情况；成长期与成熟期，处于该时期的公司，在一定程度上也易发生违约，由于公司处于经营快速扩展时期，其对外负债会增加，而当受到一些不利因素冲击时，易造成公司自身或所处行业的拐点，造成债券违约；衰退期，由于行业本身已不具备市场上的竞争力，公司将面临巨大的发展压力，也容易导致违约的发生。以行业景气程度的角度进行判别，违约事件高发领域多为相关指标结果较差的行业，且该类行业往往周期性较强，受宏观经济态势影响偏大。例如，钢铁、化工、能源等行业发展较为成熟的公司，往往存在一定的产能过剩的情况。同时，在国内去产能的经济发展指针下，对此类行业的影响更是偏大。综上所述，所处领域的低迷及周期经营的特点均是受到违约不可忽视的要素，作为公司自身，应需要密切注视自身所处行业的未来趋势，同时与自身的经营理念特点相结合，予以应对的措施，尽力将公司受到不利影响的风险因素降低。

例如，钢铁行业自 2012 年以来，就一直被列入产能过剩行业。行业产能从 2011 年的 6.85 亿吨一直增长，直到 2015 年的 8.04 亿吨，其中，在 2014 年粗钢生产量达到最高值 8.22 亿吨，整个钢铁行业出现了供过于求的情况。在整个钢铁产业链中，像东北特钢这样的钢铁公司处于中游地位，原料采选是产业链的上游，然后通过这些钢铁公司进行冶炼，将那些原材料加工成各种钢制产品，最后销售给房地产、汽车制造、能源等下游产业来加以应用。从 2014 年开始到 2015 年，由于宏观经济的疲软，下游行业对钢铁的需求减少。投资、固定资产投资等多方面的同比增速下降，甚至还出现了负增长的情况。与此同时，自 2014 年开始，国家调整产业结构，将工业公司逐渐向环保公司调整，整个行业发展减速，因此，之前供过于求的局面继续扩大。严重的产能过剩问题导致炼钢业的经济效益也不断下降。东北特钢很难突破行业限制，自身的产能利用率也很低，长期在这种环境中，现金流量很难保持稳定，导致债务偿付能力下降。

再例如光伏产业。光伏产业作为新能源产业的代表，一直受到社会和政府的关注。为鼓励和扶持光伏产业的发展，政府陆续发布了一系列相关政策文件，从最初的投资补贴，到税收和贷款折让，以及项目土地分配等方面，在促进和保障光伏产业发展方面发挥了重要作用。然而，2018 年 5 月 31 日，国家发展改革委发布了《关于 2018 年光伏发电有关事项的通知》，提到“暂停普通地面电站指标发放”“分布式光伏规模受限”“调低上网电价”等内容，这被称为光伏“断奶”政策。光伏新政出台后，光伏行业尤其是制造端面临着巨大的压力，先前经历爆炸性增长的光伏行业也陷入沉默状态。

（三）微观层面因素

1. 企业股东背景

地方国有公司在债务方面与地方政府密切相关，多由地方政府出资建立。地方国企与当地政府关系主要表现为两种形式：第一种是债权人与地方政府之间的关系；第二种是地方和中央政府之间的关系。

由于地方国有公司是由地方政府出资建立并对其进行监督的，地方国有公司和地方政府基本上可以视为债务的一致行动人。债权人持有的地方国有公司债券实际上受到地方政府的信用背书，这反映了上述第一种关系。当地政府提供资金，协助公司管理，并监督公司的运作，而地方国有公司有向当地政府报告经营状况和收入状况的义务。在政府刚性兑付制度存在的情况下，市场普遍认为，地方国企吸纳较多的当地就业，地方政府出于维稳政绩等目标，往往会对地方国企提供隐性担保。正是由于这种担保预期存在，公司投融资决策就容易存在道德风险，公司的预期安全边界扩大，融资更倾向激进，潜在信用风险随之上升，一旦政策往不利于公司的方向发展，公司的安全边界立刻缩小，造成违约发生。

2. 激进扩张业务

在激烈的市场竞争环境下，公司为了追求更好的发展会不断地扩张公司的规模，然而在复杂多变的市场环境中，公司过度扩张与不甚充裕的资金情况难以得到有效的匹配，从而增加公司的经营风险，一旦公司流动性出现问题，再融资渠道又受到限制，那前期发行的债券很可能出现违约。

近几年中，多家巨头公司债券违约，最根本的原因就是在信用扩张期大额举债扩张，而投资收益不足以弥补融资成本，导致进入融资紧缩周期资金链断裂。从我国近几年的发展看，银行表外理财大幅扩容，本质上是金融体系加杠杆的过程，信用创造显著增加，公司融资变得非常容易和便宜，在此期间进行了高杠杆融资、超出管理能力的激进投资的公司，从降杠杆开始就出现了非常困难的局面，甚至部分公司抓住宽松信贷周期进行不计回报的投资，意图迅速做大公司、规模上升后融资便利性进一步上升，但当融资泡沫退去，需要检验投资效益时，前期的规模神话迅速破灭，容易引发更多的连锁信用事件。大大小小的违约案例背后大部分有冲动投资的缩影。

3. 超额对外担保

担保规模扩张过快、担保集中度过高是担保公司违约的重要因素。如同案例所示，海泰担保 2013 年第一季度末担保余额达到 76 亿元，是 2011 年末的 2.5 倍，担保放大倍数（在保余额/净资产）已达 13 倍，显著超出《融资性担保公司管理暂行条例》规定的 10 倍标准。同时，公司担保业务主要集中于滨海新区的中小公司，区域和行业集中度风险均较高。其次内控、风控和资本实力弱也是担保公司违约的另一因素。

虽然为国有背景，但股东支持能力和政府支持意愿均较弱。海泰担保股东天津海泰控股集团有限公司虽然为国有公司，但作为滨海高新区城投公司，其自身偿债已经显著依赖当地财政支持，而当地财政实力也一般（2013 年一般预算收入约 33 亿元），即使在城投中也属于资质相对较弱的。此外，公司为商业性担保公司，区域重要性明显低于政策性担保公司，因此当地或上一级政府提供支持的意愿也较低。

4. 公司治理不善

稳定的核心管理团队和规范的内控制度有助于保证公司发展战略和经营思路的稳定连贯性，否则会出现诸多问题。例如，公司经营方向变更频繁，信用分析无法从稳定经营假设前提下展开；公司的经营理念在核心管理层无法达成一致，导致管理人员出现频繁变更的问题；公司内部斗争激烈，内耗严重，削弱整体竞争力；最危险的状况是内部控制缺位，一人兼任多项核心职务，容易出现因专业能力有限或权责范围过大而无监督造成的侵蚀公司、股东、债权人利益的行为。另外，尤其在民营公司的违约案例中，关联方资金占用和关联方风险发酵引发的再融资收缩问题屡见不鲜。例如，一直以来备受债券市场关注的海航集团，一是股权结构的复杂性，所有权属性多有争议，二是投资范围的多样化，作为第四大航空公司和多个支线航空公司、机场运营商，本身拥有强大的竞争力，不过公司不断扩张其业务范围，包括租赁、酒店、旅游、土地等，积累了非常沉重的债务负担，而主业以外的资产盈利效率并不高，拖累了整体的偿债能力。而且，公司频繁变更其组织架构、股权结构和大量关联资金往来，既增大了信用分析难度，也增加了投资者的疑虑，导致其负面消息出现时再融资难度迅速上升。

第四章　企业债务风险的识别和评估

本章从宏观、中观、微观三个层面，识别企业债务风险，并介绍相应的指标体系。第一，宏观风险包括经济风险和政策风险；第二，中观风险分为中观区域风险和中观行业风险；第三，微观风险主要由企业经营、财务、融资治理等方面的情况决定。评估企业债务风险不仅要结合宏观经济状况和政策调整情况，分析整体经济环境，还需要根据企业所在区域情况、所处行业特征，以及企业自身状况，设定不同的指标体系，以全面、系统地评估企业债务风险状况。对此，本章将对房地产、钢铁、煤炭等重点行业企业指标体系进行介绍。

一、宏观风险的识别和评估

（一）宏观风险的识别

宏观风险主要包括经济风险、政策风险等。

一方面，宏观经济风险包括通货膨胀风险、汇率风险等。当前所处的经济周期阶段会影响企业偿债能力，在宏观经济下行周期，企业盈利状况、企业回款和现金流状况都将受到影响。

另一方面，宏观政策风险来源于财政、货币等宏观经济政策调控，政策变化通过引起利率、流动性变化，影响企业融资价格及难易程度。

此外，部分突发性负面事件发生概率小但影响面极广，可能造成“黑天鹅”效应。外部事件的不可预见性将对企业债务履行带来不确定性，典型事件如自然灾害、国际局势变动、行业或区域龙头企业债务违约引起的市场担忧情绪等。

（二）宏观风险的评估

根据上述分析，本书将宏观风险评估指标分为经济风险和政策风险两大类，并将每类指标进行细分。

1. 宏观经济风险

宏观经济风险主要反映现行经济状况对企业债务的影响，包括经济长期增长趋势、经济短期周期波动。

经济长期增长趋势反映了整体经济未来走向，由劳动供给、资本形成、全要素生产率等因素决定，影响企业长期发展环境。

经济短期周期波动影响企业短期经营环境和融资情况，同样是企业债务违约率的重要影响因素。

一方面，经济短期周期波动来源于经济发展的客观规律，即经济活动随着经济发展的长期趋势呈现有规律的扩张和收缩，包括复苏、繁荣、衰退、萧条四个阶段。经济下行往往带动信用、资金收缩，从而导致企业债务违约率升高。

另一方面，突发事件或暂时性冲击也会引起经济短期波动。突发事件一般在事前较难预测，但会带来较大冲击，直接作用于经济运行、行业发展、企业经营，且对不同行业、企业产生不同影响。

2. 宏观政策风险

宏观政策风险主要反映宏观政策调控对企业债务的影响，包括货币政策、财政政策两类二级指标。

（1）货币政策

货币政策是一国最重要的宏观调控手段之一，直接影响市场流动性与价格。同时，也会影响市场预期，主要判断指标包括社会融资规模、广义货币 M2 增速、市场利率水平等。

作为货币政策的中介目标，广义货币 M2 反映货币供应情况，而社会融资规模背后是融资需求、经济增长预期与货币政策的联动结果，二者可以更全面地反映金融对实体经济的支持情况。

市场利率水平方面，国债收益率能较为直观地反映当前债券市场无风险利率的水平，直接体现债券市场的价格基准。LPR 作为贷款基准利率，能充分反映信贷市场资金价格情况。

（2）财政政策

财政政策不仅影响政府财政收入与支出，还会影响企业成本和现金流。财政收入包括一般预算收入及基金预算收入两个主要部分。如一般预算收入占比较高，则说明政府财政收入稳定性较高，对相关公共事业的财政支出也存在保障；如基金收入中土地有偿使用收入占比过高，则可能存在不可持续性，对财政收支、公共事业建设等都将带来一定负面影响，减税降费等政策有助于提升企业发展动力。

政府调控能力体现在财政支出/收入占区域 GDP 的比重、财政赤字率、地方政府债务率①等指标，反映当地债务负担程度及财政治理水平，在发生经济下行、违约预警事件时，政府能及时对相关情况进行调控的力度。地方政府信用有利于从侧面判定其最大限度的调控能力，各省市、直辖市存在行政的地位差异，地方政府行政地位是最为直观的指标。中央政策对区域实体经济的支持力度是行政地位指标的有效补充，国家战略的支持力度将对当地经济、企业的发展存续起到重要作用。

由此，经济风险的判定可从长期和短期两个维度分析，常用指标包括 GDP、通货膨胀、PMI、固定资产投资、社会消费品零售总额、贸易收支等。宏观经济风险指标体系如表 4－1 所示。

表 4－1　　宏观经济风险指标体系

一级指标	二级指标	三级指标
经济风险	长期趋势	GDP 增速
		通货膨胀率
		固定资产投资
		人口增长率
	短期波动	PMI
		突发事件冲击
政策风险	货币政策	广义货币 M2 增速
		社会融资规模
		市场利率水平
	财政政策	财政收支
		税收政策
		政府调控

① 地方政府债务率＝（地方政府融资平台总负债＋地方政府对外有息负债）/地方公共财政预算收入

二、中观风险的识别和评估

（一）中观区域风险的识别和评估

区域经济发展主要可通过区域经济发展状况、通货膨胀、人口变化、产业结构及财政收支情况等进行分析。

区域经济状况主要反映了当地的经济发展水平，可通过地区GDP、人均GDP、人均可支配收入数据及其增长率进行判断。它们一方面反映了区域的生产消费水平，另一方面也反映了该地区经济发展情况与宏观经济的偏离度。

人口变化与水务、房地产等行业需求直接相关，同时也影响生产和消费状况。人口增长率从侧面体现了地区发展水平和发展预期。人口年龄结构与老龄化程度是未来地区发展水平的领先指标，一般而言，人口规模下降或老龄化程度升高的地区，经济发展缺乏动力。

区域产业结构正面反映了当地经济基础，也可以侧面体现出未来发展潜力。产业结构直观体现了当地产业风险集中度，合理的产业结构更有助于区域经济健康、持久地发展。支柱行业发展趋势是区域经济未来发展与风险防范的领先指标。

地区财政收支状况是地方政府财力状况与债务风险的重要指标，影响着企业外部经营环境。同时，税费、补贴等也直接影响当地企业的经营成本。中观区域风险指标体系如表4－2所示。

表 4－2　　　　　　　　中观区域风险指标体系

一级指标	二级指标	三级指标
区域发展情况	经济发展状况	人均 GDP 增速
		CPI
		人均可支配收入
		固定资产投资
		社会消费品零售总额
	人口变化	人口增长率
		人口年龄结构
	产业结构	支柱产业
	财政收支状况	财政收入规模
		财政支出规模
		财政转移支付
		地方政府债务

（二）中观行业风险的识别和评估

行业特征及未来发展趋势是确定企业经营风险的指标体系和评价标准，财务风险的指标体系和评价标准也应依据行业整体表现和特征来确定衡量。本部分主要对房地产、钢铁、煤炭等行业特征与潜在风险展开分析，并在下一部分结合微观风险，构建风险评估的指标体系。

1. 房地产行业

房地产行业主要从事通过开发、出售、售租结合等方式，将房屋提供给使用者的商业性服务活动，业务收入包括从事普通住宅地产、产业地产及其他房地产所取得的收入。

房地产行业具体特征包括以下几个方面。一是行业的政策敏感度很高。房地产行业是政府重点调控的行业，需要关注产业政策、融资政策、土地制度等的变动。二是资本结构对企业影响大。房地产住宅开发为资本密集型行业，资金投入大，建设周期长，供给和需求均大量依靠融资，部分开发商还在土地获取阶段引入相关融资，整体财务杠杆偏高，资金周转压力大，资本结构对企业信用品质的影响很大。三是企业发展受土地储备规模质量及出地价格的影响较大。土地储备直接反映了受评企业未来的发展潜力和潜在的业务增长空间，因此土地储备的规模和质量是衡量房地产开发企业规模实力、经营增长状况或成长性的指标之一。房地产开发成本主要由土地费用（土地出让金，土地征用费或拆迁安置补偿费）、建筑安装工程费、税费等构成。土地价格的波动将使房地产开发成本具有很大不确定性，从而影响企业的经营业绩，尤其是高价出地的房地产开发企业在行业的低谷期将面临更大经营压力。四是行业集中度较高且持续提升。规模显著、综合实力强的大型房地产开发企业通常拥有更多元化的市场区域布局、更大的策略调整空间以及更强的投资容错能力，面对金融机构和合作方时具备更强的议价能力，整体抵御风险的能力更强。五是企业业绩确认存在滞后性和波动性。根据国内会计原则，要求商品房已经竣工验收，并与购房者办理了房屋交接手续时方可确认房产销售收入。因此，房地产公司在竣工交付楼盘多的会计期业绩容易产生突增，而在竣工交付楼盘少的会计期业绩则很可能显著下滑。此外，在市场景气度下降周期，企业也可能对部分成本较高或售价不及预期的存货计提一定资产减值准备，直接影响当期业绩。六是区域之间差距较大。在一线城市及二线核心城市，房地产需求表现更为强劲，三线和四线城市房地产行业存在供给过剩问题。

2. 钢铁行业

钢铁行业主营业务为黑色金属冶炼加工等工业生产活动，包括炼铁业、炼钢业、铁合金冶炼业、钢丝及其制品业等细分行业。

钢铁行业有以下几大特点。一是具有明显顺周期特点，与国民经济的运行周期高度相关。当宏观经济处于上行周期、下游行业快速发展，从而使现有产量不能满足需求，行业盈利水平提高。但宏观经济进入衰退期或下游行业进入周期性低谷、钢铁航运出现产能过剩，行业利润水平大幅下降。因此，应对宏观经济和上下游情况进行着重分析。二是产能过剩问题突出，政策敏感性很强。需要关注钢铁行业去产能、环保、中美贸易摩擦及下游行业法律法规变动情况。三是进入壁垒低而退出壁垒高，行业集中度较低。钢铁行业是资本和技术高度密集的行业，由于产品差别较小，价格竞争比较激烈，没有明显的技术壁垒，因此进入壁垒相对较低。同时，钢铁企业固定资产多为厂房、设备等，退出障碍主要涉及厂房和设备成本，退出壁垒较高。四是下游议价能力好于上游，钢材定价权强于成本定价权，成本受原材料价格波动影响明显。钢铁企业的原材料主要是铁矿石、焦炭和废钢，铁矿石供应商集中度较高，因此钢铁企业基本是铁矿石价格的接受者；焦炭供应商并不集中，且炼钢是焦炭的主要用途，因此钢铁企业对焦炭的议价能力稍高。同时，原材料中铁矿石自给率低，其价格的变动是钢铁企业成本波动的主要原因。而下游方面，钢铁需求分散，且钢铁产品为建筑与工业生产制造的必需品，因此钢铁企业对下游议价能力稍强。在分析钢铁行业企业时，需要关注原材料价格变化，同时分析产品利润情况。

3. 煤炭行业

煤炭行业企业主营业务为煤炭资源的开采、生产、洗选、销售等，包括煤矿开采、洗选、分级及加工等，根据煤炭种类可进一步细分为烟煤和无烟煤的开采选洗、褐煤的开采选洗和其他煤炭采选。

煤炭企业有以下几个特征。一是周期性强，呈现明显顺周期特点。目前，中国煤炭的消费需求主要集中在电力、冶金、建材、化工四大下游行业，这四个行业均是顺周期行业，因此煤炭需求受经济波动影响较大。二是煤炭资源具有不可再生性，煤炭企业所掌握的资源禀赋决定了企业的核心竞争力。三是政策敏感性很强。煤炭行业受政策影响大，且不仅受煤炭行业本身的政策变动影响，也受到国家对整个宏观经济的调控政策，以及主要下游行业的政策变动影响。目前，我国对煤炭行业的主要政策方向为结构性去产能、系统性优产能，对规模较小的煤炭企业比较不利。四是行业集中度进一步提升。随着国家逐步实施淘汰落后产能政策，鼓励大型集团整合各地小煤矿，煤炭行业市场集中度逐步提高。在大规模并购较为普遍的情况下，负债率较低、融资渠道通畅、得到政府大力支持的煤炭企业并购能力更强，也更易在未来竞争中占据有利地位。五是安全生产风险较大。煤炭采选环境具有高危险性，一旦发生安全事故将会影响煤炭企业的正常生产经营，进而影响信用风险。六是运输条件影响煤炭企业盈利。煤炭生产和消费逆向分布的特点对煤炭企业的铁路运输能力提出了较高要求，拥有足够运力的煤炭企业抵御风险的能力更强。七是电煤的产品替代风险较高。由于火电逐步被清洁能源发电代替，导致目前煤炭市场主要品种，即动力煤，尤其是电煤的产品替代风险较高。

4. 电力行业

电力行业主要以电力生产为主要业务，按照能源来源可以分为火电、水电、风电、光电、核电和生物质能电，目前我国火电企业占比较大，核电主要由4家大型央企垄断。

电力生产行业风险特征包括以下几个方面。一是进入壁垒较高。电力生产行业属于资本技术密集型行业，进入壁垒较高。二是电力生产企业外部替代风险不高，但内部结构调整将会不断持续。三是价格相对稳定，需求受宏观经济影响大。电力行业下游是电网行业，主要盈利来源于销售电价与上网电价的差额，而上网电价与销售电价由国家控制，盈利具有较强的稳定性。电网倾向根据终端电力需求来进行采购，而我国电力的需求与宏观经济保持较强的相关性，受宏观经济波动影响大。四是行业集中度较高。在我国的发电企业中，国家五大发电电力公司（华能、大唐、国电、中电投、华电）全部装机容量已接近全国的50%，具有其他发电企业无可比拟的市场实力，这使五大发电集团供应链体系相对稳定，采购成本或低于其他发电企业。

从微观上看，分析一家电力生产企业的信用风险情况，应着眼于其偿债能力，需要分析偿债来源和负债情况。

5. 水务行业

水务企业主营业务为生产和提供水务产品及服务，包含原水生产和供应、自来水生产和供应、自来水销售、污水处理（排水）、再生水（中水）生产和销售等，主要分为供水和污水处理两个子行业。

供水子行业的上游主要是以地下水和地表水为主的淡水资源，下游面向有用水需求的工商企业和居民用户等。供水企业的收入端主要是向用户出售自来水所获得的收入，由自来水单价和供水水量决定。根据用户情况，一般将用水分为居民生活用水、非居民生活用水和特种用水，价格由低到高，由政府定价。因此，收入的高低取决于用水结构和供水量。因此，应对企业的供水结构和企业覆盖的供水范围进行分析。成本端包括水资源成本、水处理成本、运营成本和税费成本。其中，水资源成本、水处理过程中耗用的动力电的单价和单位耗量等是占比较高的变动成本；固定成本则主要由设备折旧费、管网维修费等组成。

污水处理子行业在整个水务行业产业链中偏向下游产业，上游包括排出工业废水的工业企业和排出生活污水的居民用户。污水经处理后排入自然水体或通过中水回用返回企业和居民用户。污水处理企业的收入来源主要是污水处理费，其成本主要是污水处理原料、折旧摊销和财务费用。

水务行业特征包括以下几个方面。一是区域垄断性强。水务行业实行特许经营制度，进入壁垒较高。二是替代风险相对较小。水是人民生产生活的必需品，需求的价格弹性较低，因此供水领域替代风险较小；而在污水处理领域，由于城市污水排放量较大，污水处理仍须依靠修建城市污水处理厂的方式进行。目前，只有一些改进的技术、设备等用于污水处理以降低处理成本，但仍没有任何技术、设备、方法能完全替代污水处理厂的功能。三是政策导向性强。水务行业属公用事业类，上下游议价能力有限，行业对宏观经济敏感度相对较低。

根据水务行业特点，在分析水务企业时，应着重注意以下风险。一是区域风险。由于行业区域垄断性强，区域用水供需对企业经营和盈利影响较大，且因为其公用事业的特点，当地政府的支持力度影响企业运营。二是运营风险。水务企业的运营能力是影响其收入规模变动的重要因素，而其运营效率则影响其利润情况。三是规模风险。一般而言，水务企业的资产规模越大、运营项目越多、市场份额越大，则市场地位越高、竞争优势越明显，抗风险能力越强。

6. 收费公路行业

收费公路行业主营业务为收费路桥（包括收费公路、桥梁及隧道）的运营与维护，主要收入来源于通行费收入。

收费公路（含桥梁、隧道）是指按照《公路法》《收费公路管理条例》及其他相关法规规定，经有关部门批准，向过往车辆收取通行费用的公路（含桥梁、隧道）。现阶段，国内收费公路主要为高速公路及部分一级、二级公路（西部地区），按照建设和运营主体划分，收费公路分为政府还贷公路和经营性公路两类。国内收费公路运营企业主要运营经营性路产和收费还贷性路产，通行费收入为其主要收入来源。

收费公路企业的风险特点包括以下几个方面。一是行业进入壁垒很高。收费公路行业具有公共产品特征，现阶段我国收费公路具有很强的区域专营优势，行业内竞争程度较低。二是收费公路企业存在一定外部替代风险。在短途市场中，公路运输具有明显优势，但随着全国铁路及城市轨道交通网络化建设的完善，公路运输受到航空、水运运输的竞争。三是收费公路企业无收费定价权，企业对下游议价能力较弱。收费公路企业上游的材料费用和人工费用是影响收费公路造价成本的主要因素，材料费用占工程造价比率高。因此，材料单价的浮动会影响到材料费用并波及工程造价成本。收费公路企业多为省级平台，由于采购量巨大，议价能力很强。收费公路企业的下游行业是交通运输业，我国收费公路收费标准均参照政府主管部门制定的收费公路费率标准执行，业务规模的扩大主要依赖路网规模的扩张，毛利率水平较为稳定。为较好地分析收费公路企业盈利能力，需关注车流量情况。四是宏观经济区域敏感性较高。收费公路具有显著的区域服务特点，受区域经济发展影响较大。同时，其下游产业是客货运输业，客货运输业的需求量大小由经济的发展程度决定；而沿海地区高速公路受国内外贸易形势变化，货运量方面易受外部环境影响。

因此，分析收费公路企业时需要注意以下几点。一是政策风险，应关注收费政策的变化。二是区域风险，要关注收费公路运营区域的经济状况、人口密度等因素。这些在很大程度上影响企业收入状况。三是竞争风险，尽管由于国家管制、资本密集等原因，收费公路行业内部呈现竞争程度较低的寡头垄断状态，但其面临着铁路、航空等其他交通方式带来的替代性竞争风险。

三、微观风险的识别和评估

企业风险的识别主要关注影响企业还款能力的指标。从微观企业风险识别和评估的角度看，主要关注四个方面：一是企业经营情况；二是企业财务情况；三是企业融资情况；四是企业治理情况。

（一）企业经营风险的识别和评估

企业经营情况分析包括规模和市场地位、技术和研发实力、原材料采购、产品生产、产品销售、经营效率六个方面，主要刻画企业在行业中的位置，因此多数指标需要和行业中其他企业进行比较。规模和市场地位方面，主要是用于判断企业是否在行业中有较强的主导能力，相关指标包括企业的资产规模、销售收入、主要产品产能、市场占有率和品牌知名度等。技术和研发实力方面，主要是用于衡量企业的可持续发展水平，相关指标包括生产设备先进程度、研发机构设置、研发人员素质、研发经费投入、研发成果水平、产品升级换代的周期与速度等。原材料采购、产品生产、产品销售方面，主要是用于分析企业供应链及上下游情况，以此判断企业的正常经营及盈利能力，原材料采购相关指标包括采购集中度、采购量和采购价格变化情况、运输半径与成本、原材料自给能力、原材料质量、进口材料的汇率风险和地缘政治风险等；产品生产相关指标包括生产基地及产能分布、产品合格率等；产品销售相关指标包括产品结构、销售区域分布及多样性、下游客户的集中度与稳定性。

经营效率方面，主要考虑企业的回款能力和变现能力，主要指标包括销售债权周转次数、存货周转次数、总资产周转次数、产能利用率、产销率、现金周期等。经营分析评估指标如表4－3所示。

表4－3　　经营分析评估指标

一级指标	二级指标
规模和市场地位	资产规模、销售收入、主要产品产能、产品市场占有率、单一企业或集团式企业、产业链完整度（产业链上下游延伸情况、横向产业链地位等）、品牌知名度、销售区域
技术和研发实力	技术：企业当前主要生产技术与行业主流生产技术的比较、主要生产设备先进程度 研发：研发机构设置（是否得到国家或省部级部门的认定）、研发人员素质、研发经费投入（近三年研发投资情况、占公司营业收入的比例）、研发成果水平（公司获得专利情况，正在申请的专利情况，国家或省部级奖项，产品独创性）、产品升级换代的周期与速度
原材料采购	采购渠道、采购集中度（前五或十大供应商采购占比）、采购量及变化情况、采购价格及变化情况、运输半径及成本、外购原材料成本占比情况、原材料自给能力、议价能力、采购流程及结算方式、结算周期、关联采购（是否明显偏离市场价格）、原材料质量、相对成本优势、供应商选择和管理方法、供应商行业地位、汇率风险、地缘政治风险
产品生产	生产基地及产能分布、近三年产能、产能提升的制约因素、生产模式（销定产、产定销）、质量控制（产品合格率）、订单周期、排产方式（是否引入外包）、跨境生产风险、产品生命周期
产品销售	产品：产品结构（是否具备多样性、具体产品种类及各类产品对企业收入和利润的贡献度）、各类产品销量/价格/毛利率变化情况、定价方式 销售体系：销售渠道、销售层级、直销和代理比例、分支机构数量、销售半径、销售区域分布及多样性、运输方式和运输设施 下游客户：类型、集中度（前五或十大客户销售占比）、结算方式及周期、稳定性
经营效率	销售债权周转次数、存货周转次数、总资产周转次数、产能利用率、产销率、现金周期

（二）企业财务风险的识别和评估

企业财务情况分析主要评估资产质量、资本结构、盈利能力、现金流量、偿债能力这五个方面，同时，也要考虑财务报表质量。资产质量方面，主要为了了解企业资产结构是否合理及是否合理利用，相关指标包括资产结构、资产变现能力、资产利用效率等。资本结构方面，主要为了考察企业资产负债的匹配、债务构成，相关指标包括各类资本占比及其变化趋势、各类债务的基本性质、债务到期结构、所有者权益的稳定性等。盈利能力方面，主要为了考察盈利情况，相关指标包括收入、成本、盈利水平、盈利波动性等。对盈利水平的考察，建议考虑计算近几年的平均值，以减少特殊情况的影响。对盈利波动性的考察，建议使用标准误[①]而非标准差和变异系数，因为标准误不会将盈利的上升趋势认作是更剧烈的波动。现金流量方面，经营活动现金净流量和投资活动的现金流入量是企业偿还债务的重要来源，需要重点考察。此外，还需注意现金与收入的差异并分析原因，可以用现金收入比[②]衡量公司收入回笼程度。偿债能力方面，是财务分析的核心部分。偿债能力是偿债来源对债务的覆盖程度，上述资产质量、盈利能力、现金流量是对偿债来源的分析，资本结构是对债务的分析。偿债能力指标分为短期和长期，短期包括流动比率、速动比率、流动性分析等；长期包括 FFO[③]、经

---

① 以 EBITDA 标准误的计算为例：首先将 EBITDA 对时间做回归，得到一条最优拟合曲线；再计算各时间段真实 EBITDA 相对最优拟合曲线的偏离程度，即得到标准误。

② 现金收入比 = 销售商品、提供劳务收到的现金/营业收入 × 100%

③ FFO（funds from operation） = EBITDA － 现金利息支付 － 现金税支付

营性现金流量、自由经营性现金流量①、自由现金流量②分别除以债务，以及利率覆盖倍数等。应根据不同行业的特征选取不同的指标，例如，对资本密集型公司，EBITDA 和 FFO 可能夸大财务实力，而自由经营性现金流量更为合适。财务报告质量方面，相关指标包括审计机构资质、审计结论等。财务分析评估指标如表 4 -4 所示。

表 4 -4　　财务分析评估指标

一级指标	二级指标
资产质量	资产变现能力： 流动资产：存货（构成、市场价值、周转率）、应收账款（账龄、周转率、主要支付人经营及资信状况）、其他应收款（是否有非正常资金往来） 非流动资产：在建工程（实际建设情况）、固定资产（折旧政策是否合理、账面价值与实际价值是否一致）、无形资产（价值估算是否合理） 资产利用效率：总资产周转次数
资本结构	资本结构：全部债务资本化比例、长期债务资本化比例、资产负债比例、长/短期债务占比、各类债务余额变化、利率结构（浮动利率债务占比）、外币计价债务占比、债务到期结构（加权平均期限） 负债：短期借款（资金成本的高低、与主要借款人的关系）、应收账款（付款期限、金额、付款方式、是否有宽限期）、长期借款（借款性质、偿还期限的集中度、高峰时的偿还金额、债务期限结构与业务的匹配程度） 所有者权益：所有者权益构成、利润分配政策 其他：或有负债（对外担保、诉讼）、负债管理办法及目标
盈利能力与成长能力	收入：营业收入、主营业务收入 成本：营业成本、主营业务成本、管理费用、销售费用、财务费用 盈利：净利润、毛利率、EBITDA 利润率、营业利润率、总资产报酬率、净资产报酬率、总资本报酬率、营业利润、投资收益、利润总额和净利润的比例 盈利稳定性：EBITDA/EBITDA 利润率/总资本报酬率回归标准误、区分经营性盈利和非经营性盈利、产品价格波动、重大投产项目对企业未来盈利的影响 成长能力：净资产同比增长率、净利润同比增长率、营业收入同比增长率

① 自由经营性现金流量 = 经营性现金流量 - 资本支出
② 自由现金流量 = 自由经营性现金流量 - 股利

续表

一级指标	二级指标
现金流量	经营性现金流量、投资性现金流量、筹资性现金流量
偿债能力	短期偿债能力：现金类资产/短期债务、流动比率、速动比率、经营现金流动负债比率 长期偿债能力：债务/EBITDA、FFO/债务、经营性现金流量/债务、自由经营性现金流量/债务、自由现金流量/债务、EBITDA 利息倍数、FFO 现金利息倍数、经营现金流动负债比率 流动性：流动性来源/流动性用途，流动性来源 - 流动性用途
财务报告质量	是否经过审计、审计机构资质、审计结论、财务报表口径

（三）企业融资风险的识别和评估

企业外部支持分析主要是为了了解企业在出现难以偿还债务等情况时，是否有较为强力的外部支持帮助其偿还债务。企业外部支持主要评估股东支持、政府支持、银行授信和其他支持。股东支持方面，主要了解股东实力和股东支持可能性，相关指标包括衡量股东自身竞争能力和财务状况的指标、企业在股东战略地位中的位置、企业在股东业务体系里的地位、企业受股东历史支持方面的具体支持内容和力度等；政府支持方面，主要是了解当地政府的实力和支持可能性，相关指标包括当地经济情况和政府收支情况、企业业务公益性、企业是否具有重要经济或政治地位、企业获得政府支持的相关文件完备性、企业历史获得支持的实际情况和具体支持方式等。在影响企业偿债方面，银行授信和其他支持较前两项而言相对较弱，一般视为次要指标。外部支持评估指标如表 4 – 5 所示。

表 4-5 外部支持评估指标

一级指标	二级指标
股东支持	股东实力：股东的企业性质、行业地位、竞争能力和财务状况 股东支持可能性：企业在股东战略地位中的位置、在股东业务体系里的地位、股东历史支持方面的具体支持内容和力度
政府支持	政府实力：行政级别、区域经济环境、财政实力、地方政府债务负担情况 政府支持可能性：企业业务公益性、是否具有重要经济或政治地位、获得政府支持的相关文件完备性、历史获得支持的实际情况和具体支持方式
银行授信	支持合法性、可操作性、对债务保障程度
其他支持	引入战略投资者、IPO、增发新股

（四）企业治理风险的识别和评估

企业非业务因素情况的相关内容主要包括公司管理和公司治理等，由于这些非业务因素也可能会影响企业的偿债能力，因此也需要进行一定分析。中债估值公司 ESG 评价结果从环境绩效、社会责任和公司治理三方面对企业的非业务因素进行了较好的评估，可以直接采用该评价结果作为非业务因素评估指标。

企业环境绩效主要衡量企业管理者在给定环境风险敞口下为减小企业经营对环境不利影响所做的努力及取得的成效，其目的是评价企业是否实现了既定的环境目标。企业社会责任主要衡量企业在从事生产经营活动中对股东承担法律责任的同时，对员工、客户、社区和环境等主体所承担责任的履行情况。公司治理主要衡量企业决策机制和制衡机制对其可持续经营的影响，其内涵包含两个层面，一是企业经营决策的主要参与者之间责任和权利分配，是指由股东、董事会和高级管理人员三者组成的一种组织结构；二是协调企业与所有利益相关者之间利益关系的机制，主要包括保护股东权利、优化董事会结构及功能、完善信息披露等方面的制度安排。各方面的指标框架详见表4－6。通过对每一项指标进行打分，并设置权重，根据加权计算得到环境绩效、社会责任和公司治理的分项得分和ESG评价综合得分。每项得分最低为1分，最高为10分；数值越大表示发行人表现越好。

表4－6　中债ESG指标框架

一级指标	二级指标	三级指标
环境绩效	环境管理	绿色战略与规划、环境管理要求、环境信用
	绿色发展	环保投入、绿色主营
	资源利用	能源利用、水资源利用
	污染防治	废水污染防治、废气污染防治、固体废弃物处理
	生态保护	土地保护与修复
社会责任	员工	基本权益保障、职业福利、职业成长、利益保护
	供应商和客户	产品持续性、质量保障、售后服务、客户隐私保护
	投资人	债券发行文件中投资者保护条款：事件类条款、限制类条款
	社区与社会贡献	捐赠与投资、就业与纳税、重大技术研发、响应政策
公司治理	股东权益保护	股东权益保护机制、股东决策效率、人员素质、制衡机制、董监高内部独立性、董监高外部独立性、董监高构成合理性及稳定性
	激励机制	激励水平、激励形式
	信息披露	及时性、可靠性、完备性
	管理规范性	诉讼或仲裁、经营风险

此外，公司治理情况还可结合企业战略发展、多元化经营、股权集中度、母子公司关系、对外担保情况等进行分析。

第五章　基于打分卡的债务风险监测预警

打分卡是企业债务风险监测预警分析的重要方法。本章首先介绍打分卡评价方法的基本思路，然后在第三章基础上，以房地产、煤炭、钢铁三个行业为例，从宏观、中观、微观三个层面，选择部分重点指标对发债主体风险进行综合评估。

一、评价方法

打分卡方法主要涉及评价指标选取、评价模型权重的确定、风险评估等环节。

指标选取方面，综合考虑影响企业债务风险的因素，并将每个因素细化成多个定性因素和定量因素，以评估企业债务风险情况。本书主要从宏观经济、中观区域与产业、微观企业三个层次构建评价指标体系。本章分析中，对行业内企业的每个指标进行从小到大排序，并根据名次进行赋分，每项得分满分为100分，最低为0分。设定权重时，对有利于企业发展的指标赋予正的权重，对不利于企业发展的指标赋予负的权重。最后，以加权平均值作为企业最终得分，得分数值越大，表示债券违约风险越低。

具体看，本章是基于第三章中企业债务风险监测预警机制的指标体系，通过定量与定性分析，对企业债务风险情况进行评估。首先，分析宏观经济和中观区域、行业情况，评估非金融企业普遍面临的外部经营环境，以及行业发展情况引致的潜在风险，并以此确定其企业债务风险分析的基准。其次，重点分析企业的个体特征，包括经营、财务、公司治理、外部支持等方面。经营情况分析包括企业规模与市场地位、技术与研发实力、原材料采购、产品生产与销售等方面；财务情况主要关注企业资产质量、资本结构、盈利能力、偿债能力、现金流量等情况。再次，企业性质、公司治理、对外担保、来自股东或政府的外部支持等因素同样也是影响企业债务风险的关键因素，可以借助 ESG 分数、母子公司关系等定量或定性方法来反映。最后，综合企业债务风险分析基准与个体特征情况，得出企业债务风险状况。

底层计算指标及其权重根据行业实际情况进行设置。权重确定的主要方式包括：（1）主观赋权，即结合专家经验判断，对指标重要性进行排序，并将其转化为指标权重；（2）客观赋权，用统计学的方法捕捉评价指标与评价目标之间的关联性，并以此作为赋权的依据；（3）组合赋权，将主观赋权与客观赋权相结合，综合考虑主观经验与客观规律。本部分将以主观赋权方式为主，并在后续章节运用机器学习与大数据方法进行分析。

风险评估中，需根据构建的评价指标体系、确定的指标权重，对影响企业债务风险的各因素进行评价，并形成分项得分，再按照权重加权形成总得分，以此作为企业债务风险的评价结果。在本章分析中，对行业内企业的每个指标进行从小到大排序，并根据名次进行赋分，每项得分满分为100分，最低为0分。设定权重时，对有利于企业发展的指标赋予正的权重，对不利于企业发展的指标赋予负的权重。最后，以加权平均值作为企业最终得分，得分数值越大，表示债券违约风险越低。打分卡基本框架如表5-1所示。

表5-1 企业债务风险监测预警打分卡方法基本框架

一级指标	二级指标	三级指标
宏观	经济政策	货币政策（市场利率、社会融资规模）
		财政政策（财政收支、税收政策）
	经济发展	长期趋势
		短期波动
中观	区域发展情况	经济发展状况
		通货膨胀
		人口规模
		财政收支情况
	行业基本特征	行业集中度（CR4、CR10）
		对政策依赖度
		对现金流需求
	行业发展情况	原材料供应与成本情况
		产品需求与销售情况
		行业企业总体经营情况
		行业政策调整
		行业景气度与发展前景

续表

一级指标	二级指标	三级指标
微观企业	经营情况	企业规模
		市场地位
		技术与研发实力
		原材料采购
		产品生产与销售
	财务情况	资产质量
		资本结构
		盈利能力
		现金流量
		偿债能力
	基本属性	企业性质
		所在省份
		是否城投
		是否上市
	公司治理	企业战略
		审计意见
		股权集中度
		对外担保
		外部支持（政府、集团）
		母子公司关系
		股权质押
		ESG 评价

二、样本选择

本章选取 2018 年底有处于存续期的债券的企业作为分析样本，

并以房地产、煤炭、钢铁三个行业①为例，分别对每个行业的企业进行风险评估。剔除存在缺失值和异常值的样本后，房地产、煤炭、钢铁企业分别有 346 家、71 家、37 家，共计 454 家。数据来源于 Wind 数据库、CEIC 数据库、国家统计局。

三、权重与分数设定

本部分针对不同行业企业建立不同的打分卡，选取差异化的指标，并设定不同的权重与分数，以此反映不同行业在发展情况、周期特点、政策敏感性等方面的差异。

（一）房地产行业

1. 行业特征

在 Wind 数据库中，房地产行业为一级行业分类，主要细分为房地产管理和开发企业，包括房地产经营公司、多样化房地产活动、房地产开发、房地产服务四类。

总体看，房地产企业呈现出如下特征。

一是资金需求大且主要依赖于外部融资。房地产行业企业经营需要购置土地并投入施工，加之开发周期较长，销售又具有一定的不确定性，为此产生了较大的资金需求。而其自有资金规模有限，主要依赖于外部融资，如预售款、金融机构借款、债券融资、信托

① 以 Wind 行业分类为标准。

等，财务杠杆率较高。

二是现金流波动程度高。房地产企业土地购置支出和销售情况在不同年份分布不均，导致经营活动净现金流波动程度较大。

三是房地产企业分化程度较高。不仅表现在大型企业与中小企业在土地获取、融资成本等方面的差异，还体现在不同层级城市房地产库存压力、商品房供需情况等方面，这些因素直接影响房地产企业经营状况。

四是政策敏感性和周期性特点明显。房地产在财政收入、居民资产配置等方面有重要影响，房地产行业是国家重点调控对象。特别是近年来房地产调控政策的密集出台，房地产企业经营战略等方面出现了相应的调整。

2. 指标选择

基于上述分析，房地产行业需重点关注以下几个方面。在宏观层面，一是宏观经济运行状况。宏观经济增长长期趋势与短期波动决定了企业经营的外部环境。二是房地产政策情况。鉴于房地产行业是国家重点关注和调控的对象，需密切关注政策变化对行业发展趋势及企业经营状况的影响。

中观层面，一方面，企业所在区域及其经济发展情况是分析房地产企业经营状况的重要因素。房地产企业区域分化严重，例如，一线、二线城市商品房待售面积规模不大，而三线、四线城市则面临较大的去库存压力。为此，区域方面，应重点考虑人均生产总值、生产总值增速、通货膨胀率、社会消费品零售总额、财政一般预算收入、税收收入、财政一般预算支出、居民人均可支配收入、人口自然增长率等指标。另一方面，行业层面，应重点考虑土地成交情况、商品房销售情况（平均销售价格、销售额）、行业景气指数（国房景气指数、企业景气指数）、房地产企业总体情况（主营业务收入、净资产收益率、经营活动现金净流量净利润、房地产开发投资规模、资金来源、土地转让收入）。

微观层面，需要关注以下几个方面。一是现金流情况。现金流是企业偿还债务重要来源，是分析企业债务风险的核心要素。二是偿债能力与筹资能力。资产与负债流动性是影响企业偿债能力的关键因素，也会对企业未来融资产生影响。特别是2020年8月，人民银行、住建部针对房企资金监管和融资管理方面设定了“三道红线”，值得关注。三是存货变现能力。存货变现是房地产企业现金流主要来源，也是其偿债能力的最后保障。四是企业规模与发展潜力。可通过盈利能力、成长能力、营运能力、资本结构、基本属性与治理情况等指标反映。

具体打分表如表5－2所示。

表5－2　　房地产行业企业打分表

一级指标	二级指标	三级指标
宏观（20%）	外部融资环境（50%）	无风险利率
		社会融资总额/M2
	经济政策调整（50%）	是否有相关政策出台及其对行业发展的影响
中观（30%）	区域发展情况（40%）	人均GDP与GDP增速
		CPI
		人口增长率
		财政收支情况

续表

一级指标	二级指标	三级指标
中观（30%）	行业基本特征（30%）	行业集中度（CR4）
		对政策依赖度
		对现金流需求
	行业发展状况（30%）	土地成交数量/面积
		商品房平均销售价格/面积/收入
		行业景气指数
		房地产企业总体情况
微观（50%）	企业规模	流动资产
		总资产
	盈利能力	销售净利率
		营业利润/营业总收入
		EBITDA/营业总收入
		净利润/营业总收入
		经营活动净收益/利润总额
		总资产报酬率（TTM）
		财务费用/营业总收入
		销售费用/营业总收入
	成长能力	净资产同比增长率
		净利润同比增长率
		营业收入同比增长率
	现金流量	经营活动现金流净额占比
		筹资活动现金流净额占比
	偿债能力与筹资能力	流动负债/负债合计
		流动比率
		EBITDA/带息债务
		营运资本/总资产
		剔除预收款后的资产负债率
		净负债率
		现金短贷比

续表

一级指标	二级指标	三级指标
微观（50%）	营运能力	应收账款周转率
	资本结构	资产负债率
		长期资本负债率
	基本属性	企业性质—国有企业
		所在省份
		是否城投
		是否上市
	治理情况	主营业务比率
		审计机构是否变更
		第一大股东持股比例
		母子公司关系
		对外担保余额
		信用风险状况（Z值、ESG分数、价格等）

（二）煤炭行业

1. 基本情况

Wind数据库中，煤炭行业属于能源行业一级分类中的石油、天然气与供消费用燃料子类，涉及动力煤、炼焦煤、无烟煤。

煤炭行业作为资源型行业，在国民经济发展中具有基础性地位。总体看，煤炭行业具有以下特征。

一是具有周期性，与宏观经济状况高度相关。宏观经济状况不仅直接影响煤炭行业的供需状况，还会通过影响下游电力、钢铁、化工等行业发展间接作用于煤炭行业发展。

二是具有政策敏感性。作为国家基础能源行业，煤炭行业经营状况受到国家宏观调控、产业发展、税收、环保等政策的影响。

三是进入壁垒较高。煤炭行业资本密集程度高、资金投入规模大、规模效应明显，为此具有较高的进入壁垒和退出成本。这也说明，资源禀赋状况是决定企业的竞争力的重要因素。煤炭资源丰富、质量较高、开采条件良好的企业往往会获得较高绩效。

2. 指标选择

基于上述分析，煤炭行业重点关注以下几个层面。宏观层面，一是宏观经济运行状况。宏观经济增长长期趋势与短期波动决定了企业经营的外部环境。二是相关政策情况。作为国民经济重要基础行业，煤炭行业的发展趋势与宏观经济运行状况及政策变化密切相关，这也决定了行业内企业经营与融资的外部环境。

中观区域层面，重点考虑人均生产总值、生产总值增速、通货膨胀率、社会消费品零售总额、财政一般预算收入、税收收入、财政一般预算支出、居民人均可支配收入、人口自然增长率等指标。

中观行业层面，需关注行业供需、价格变动、进出口等情况。选择的指标包括：工业品出厂价格指数—煤炭开采和洗选业/煤炭工业；贸易指数—煤炭开采和洗选业—进口价值/数量；固定资产投资累计同比增长率—煤炭开采和洗选业；企业景气指数—煤炭开采和洗选业；工业存货同比增长率—煤炭开采和洗选业；煤炭开采和洗选业营业收入利润率；煤炭开采和洗选业利润总额累计同比增长率；原煤生产量；煤炭可供量；煤炭消费量等。

微观层面，需要关注以下两个方面。一是现金流情况与偿债能力。现金流是企业偿还债务的重要来源，是分析企业债务风险的核心要素，同时还需关注资产与负债流动性。二是企业规模与发展潜力。这可通过盈利能力、成长能力、营运能力、资本结构、基本属性与治理情况等指标反映。

具体打分如表5-3所示。

表5-3　　　　　煤炭行业企业打分表

一级指标	二级指标	三级指标
宏观（20%）	外部融资环境（50%）	无风险利率
		社会融资总额/M2
	经济政策调整（50%）	是否有相关政策出台及其对行业发展的影响
中观（30%）	区域发展情况（40%）	人均GDP与GDP增速
		CPI
		人口增长率
		财政收支情况
	行业基本特征（30%）	行业集中度（CR4）
		对政策依赖度
		对现金流需求
	行业发展状况（30%）	原煤生产情况
		煤炭可供量、消费量
		煤炭行业进口贸易指数
		工业品价格指数
		企业景气指数
		煤炭企业总体状况
微观（50%）	企业规模	流动资产
		总资产
	盈利能力	销售净利率
		营业利润/营业总收入
		EBITDA/营业总收入
		净利润/营业总收入
		经营活动净收益/利润总额
		净资产收益率（TTM）
		总资产报酬率（TTM）
		销售费用/营业总收入
		财务费用/营业总收入

续表

一级指标	二级指标	三级指标
微观（50%）	成长能力	营业收入同比增长率
		净利润同比增长率
		净资产同比增长率
	现金流量	经营活动现金流净额占比
		投资活动现金流净额占比
		筹资活动现金流净额占比
	偿债能力	流动负债/负债合计
		流动比率
		已获利息倍数（EBIT/利息费用）
	营运能力	应收账款周转率
		流动资产周转率
	资本结构	长期资本负债率
		资产负债率
	基本属性	企业性质—国有企业
		所在省份
		是否城投
		是否上市
	治理情况	主营业务比率
		审计机构是否变更
		第一大股东持股比例
		母子公司关系
		对外担保余额
		信用风险状况（Z 值、ESG 分数、价格等）

（三）钢铁行业

1. 基本情况

Wind 数据库中，钢铁行业属于材料行业一级分类中的金属、非金属与采矿子类。

总体看，钢铁行业具有以下特征。

一是生产成本受原材料供应影响较大。钢铁生产主要原材料包括铁矿石和焦炭等，其供应规模与价格情况对钢铁企业生产成本与经营状况影响较大。目前，我国铁矿石主要依赖进口，而焦炭主要依赖国内采购。

二是具有周期性，与宏观经济状况高度相关。宏观经济长期趋势与短期波动不仅会直接影响钢铁行业发展趋势与景气度，还会通过影响铁矿石进口等上游原材料供应，以及机器制造、汽车等用钢行业发展间接作用于钢铁行业发展。

三是具有政策敏感性。作为基础材料行业，钢铁行业发展受到国家宏观调控、产业发展、税收、环保等政策的影响。

2. 指标选择

宏观层面，一是宏观经济运行状况。宏观经济增长长期趋势与短期波动决定了企业经营的外部环境。二是相关政策情况。作为基础材料行业，钢铁行业的发展趋势与宏观经济运行状况及政策变化密切相关，这也决定了行业内企业经营与融资的外部环境。

中观区域层面，重点考虑人均生产总值、生产总值增速、通货膨胀率、社会消费品零售总额、财政一般预算收入、税收收入、财政一般预算支出、居民人均可支配收入、人口自然增长率等指标。

中观行业层面，选择的指标包括：铁矿石库存情况、钢铁企业总体情况（销售利润率、流动比率、资本收益率）钢材/粗钢/铁合金/焦炭/生铁生产同比增速、贸易指数－钢铁进口价格/数量等。

微观层面，需要关注以下几个方面。一是现金流情况与偿债能力。现金流是企业偿还债务的重要来源，是分析企业债务风险的核心要素，同时还需关注资产与负债流动性。二是企业规模与发展潜力。这可通过盈利能力、成长能力、营运能力、资本结构、基本属性与治理情况等指标反映。

具体打分表如表 5－4 所示。

表 5－4　钢铁行业企业打分表

一级指标	二级指标	三级指标
宏观（20%）	外部融资环境（50%）	无风险利率
		社会融资总额/M2
	经济政策调整（50%）	是否有相关政策出台及其对行业发展的影响
中观（30%）	区域发展情况（40%）	人均 GDP 与 GDP 增速
		CPI
		人口增长率
		财政收支情况
	行业基本特征（30%）	行业集中度（CR4）
		对政策依赖度
		对现金流需求
	行业发展状况（30%）	铁矿石库存情况
		钢材/粗钢/铁合金/焦炭/生铁生产情况
		钢铁企业总体情况
		贸易指数—钢铁进口价格/数量
微观（50%）	企业规模	流动资产
		总资产
	盈利能力	销售净利率
		营业利润/营业总收入
		EBITDA/营业总收入
		净利润/营业总收入
		经营活动净收益/利润总额
		总资产报酬率（TTM）
		销售费用/营业总收入
		财务费用/营业总收入

续表

一级指标	二级指标	三级指标
微观（50%）	成长能力	营业收入同比增长率
		净利润同比增长率
		净资产同比增长率
	现金流量	经营活动产生的现金流量净额占比
		投资活动产生的现金流量净额占比
		筹资活动产生的现金流量净额占比
	偿债能力	流动负债/负债合计
		流动比率
		已获利息倍数（EBIT/利息费用）
		EBITDA/带息债务
		营运资本/总资产
	营运能力	应收账款周转率
	资本结构	长期资本负债率
		资产负债率
	基本属性	企业性质
		所在省份
		是否城投
		是否上市
	治理情况	主营业务比率
		审计机构是否变更
		第一大股东持股比例
		母子公司关系
		对外担保余额
		信用风险状况（Z值、ESG分数、价格等）

四、结果分析

本章假定宏观风险对企业影响相同，而中观区域和行业层面因素对企业的影响不同。为此，本部分重点对不同行业企业风险进行评估，主要报告2018年以来违约[①]或存在风险事件[②]的企业得分情况。

（一）房地产行业

剔除异常值、数据缺失企业后，2018年末，房地产行业存量债券发债主体有346家。样本企业以国有企业为主，占比为69.1%，其中，中央国有企业占比为7.8%，地方国有企业占比为61.3%，发行时信用等级以AA级及以上为主，占比为87.3%。2018年以来，违约企业包括上海三盛宏业投资（集团）有限责任公司、国购投资有限公司、泰禾集团股份有限公司、北京华业资本控股股份有限公司、中弘控股股份有限公司、重庆爱普地产（集团）有限公司、天津市房地产发展（集团）股份有限公司等（具体情况如表5-5所示）。

表5-5　违约或发生信用风险事件企业得分情况（房地产）

发行人	首次违约	中债隐含评级2019	综合分数	行业排名
中弘控股股份有限公司	2018年	C	-13.67	345
北京华业资本控股股份有限公司	2018年	C	-13.69	346
国购投资有限公司	2019年	C（下调）	-10.91	344
泰禾集团股份有限公司	2020年	A（下调）	40.03	302
天津市房地产发展（集团）股份有限公司	2020年	BB	18.49	335

① Wind数据库中，企业债券违约类型分为未按时兑付回售款、未按时兑付利息、未按时兑付本金、本息展期、提前到期未兑付、技术性违约、触发交叉违约、担保违约。

② Wind数据库中，信用风险事件不仅涵盖未按时兑付利息、提前到期未兑付等，还包括债项评级下调、债券被列入评级观察名单等负面事件。

续表

发行人	首次违约	中债隐含评级 2019	综合分数	行业排名
上海三盛宏业投资（集团）有限责任公司	2020 年	AA－	13.91	339
重庆爱普地产（集团）有限公司	2020 年	A（下调）	6.28	341
凤城市现代产业园区开发建设投资有限公司	—	AA－	43.27	287
绿地控股集团有限公司	—	AA	42.29	295
正源房地产开发有限公司	—	CCC（下调）	28.49	323
北京金泰房地产开发有限责任公司	—	AA－（下调）	22.92	333
亿达发展有限公司	—	BBB＋	8.32	340

整体来看，房地产行业正常企业平均得分（60.8）显著高于违约或发生风险事件的企业（24.6）。中债市场隐含评级 AA－级及以下企业平均得分（53.5）显著低于 AA－级企业（64.1），从分布看，企业分数随着评级等级的降低呈现明显下降趋势（如图 5－1 所示）。

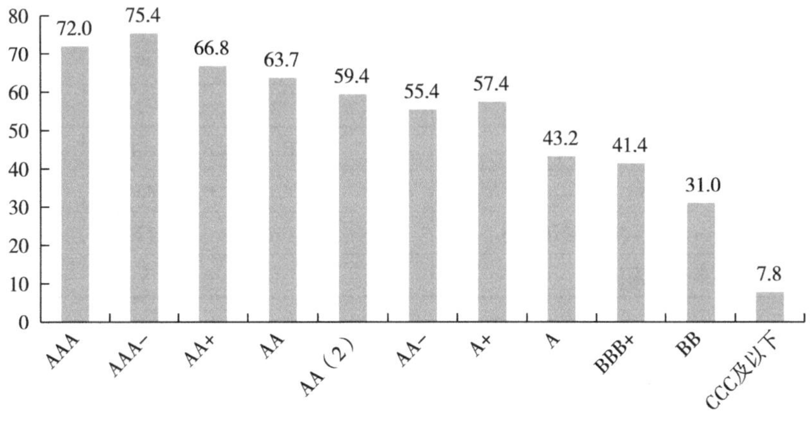

图 5－1　不同等级企业得分分布情况（房地产）

（二）煤炭行业

剔除异常值、数据缺失企业后，2018 年末，煤炭行业存量债券发债主体有 71 家。样本企业以国有企业为主，占比为 90.1%，其中，中央国有企业占比为 11.3%，地方国有企业占比为 78.9%，发行时信用等级以 AA 级及以上为主，占比为 88.7%。2018 年以来，违约企业为天津物产能源资源发展有限公司（如表 5－6 所示）。

表 5－6　违约或发生信用风险事件企业得分情况（煤炭）

发行人	首次违约时间	中债隐含评级 2019	综合分数	行业排名
天津物产能源资源发展有限公司	2019 年	C（下调）	36.5	61
永城煤电控股集团有限公司	2020 年	AA	45.1	57
安源煤业集团股份有限公司	—	A＋	49.1	52
云南煤业能源股份有限公司	—	A＋	62.9	36
彬县煤炭有限责任公司	—	A＋	65.0	34
山东省微山湖矿业集团有限公司	—	A	－6.1	69
山西凯嘉能源集团有限公司	—	A＋	49.4	51
山东新查庄矿业有限责任公司	—	CCC	－11.2	71
内蒙古霍林河煤业集团有限责任公司	—	CC（下调）	－4.5	68
山西襄矿集团有限公司	—	A	45.7	56
郑州煤炭工业（集团）有限责任公司	—	A＋	12.0	65
贵州水城矿业股份有限公司	—	A＋	8.0	67

综合来看，煤炭行业正常企业平均得分（67.1）显著高于违约或发生风险事件的企业（29.3）。中债市场隐含评级 AA－级及以下企业平均得分（41.2）显著低于 AA－级企业（74.2），不仅如此，从分布看，企业分数随着评级等级的降低呈现下降趋势（如图 5－2 所示）。

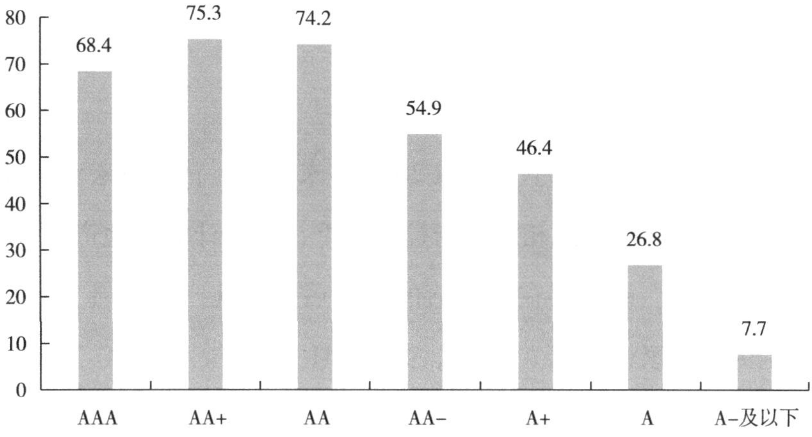

图 5－2　不同等级企业得分分布情况（煤炭）

（三）钢铁行业

剔除异常值、数据缺失企业后，2018 年末，钢铁行业存量债券发债主体有 37 家。样本企业以国有企业为主，占比为 89.2%，其中，中央国有企业占比为 21.6%，地方国有企业占比为 67.6%，发行时信用等级以 AA 级及以上为主，占比为 87.3%。2018 年以来，钢铁行业无违约企业，仅有一家发生信用风险事件（债项评级下调）的企业，即西宁特殊钢股份有限公司（如表 5－7 所示）。

表 5－7　　违约或发生信用风险事件企业得分情况（钢铁）

发行人	首次违约时间	综合分数	行业排名
西宁特殊钢股份有限公司	—	－10.44	37

综合来看，钢铁行业正常企业平均得分（62.9）显著高于违约或发生风险事件的企业（－10.44）。中债市场隐含评级 AA－级及以下企业平均得分（55.8）显著低于 AA－级企业（64.0）。

五、债务风险预测和展望

在上述权重的基础上，选取2019年末数据，首先对宏观总体风险进行分析，然后采用相同的指标与权重，分别计算房地产、煤炭、钢铁企业分数。剔除存在缺失值的样本后，房地产、煤炭、钢铁企业分别为330家、67家、34家，共计431家。

（一）宏观总体风险

宏观经济方面，2019年，我国经济总体运行平稳，结构持续优化，物价呈现结构性上涨的特征，经济存在一定的下行压力。全年GDP同比增长为6.1%，CPI同比上涨了2.9%，年末广义货币M2同比增长了8.7%，社会融资规模存量同比增长了10.7%，二者增速均略高于名义GDP增速。企业贷款利率显著下降，12月新发放企业贷款加权平均利率为5.12%，较2018年高点下降了0.48个百分点。国债收益率曲线下移，债券市场指数上行，年末10年期国债收益率为3.14%，较上年末下行9个基点。债券发行利率回落，12月，10年期国债发行利率为3.13%，比上年同期低了12个基点。全国一般公共预算收入同比增长了3.8%，税收收入同比增长了1%，一般公共预算支出同比增长了8.1%。

宏观政策方面，2019年，人民银行通过降低准备金率，为金融机构支持实体经济提供长期资金；通过构建完善“三档两优”准备金框架，引导金融机构加大对小微企业、民营企业和制造业的支持；

通过改革完善LPR形成机制，引导利率下降。

2020年，新冠疫情给我国经济社会发展带来严重冲击，第一季度GDP同比下降了6.8%，CPI同比上涨了4.9%。第二、第三季度经济持续改善，第三季度GDP同比增长了4.9%，CPI同比上涨了3.3%。9月末，M2同比增长了10.9%，社会融资规模存量同比增长了13.5%，均明显高于2019年，贷款加权平均利率下降至4.63%，国债收益率有所上行，债券发行利率有所回升。10月，全国一般公共预算收入同比下降了5.5%，税收收入同比下降了4.6%。

与此同时，为应对疫情冲击，各部门也出台了相应政策，全力支持做好“六稳”“六保”工作。例如，人民银行先后出台专项再贷款、普惠性再贷款、再贴现政策，支持银行向特定企业发放优惠利率贷款，此外，还创设普惠小微企业贷款延期支持工具、普惠小微企业信用贷款支持计划，缓解企业资金流动性问题；财政部适度提高赤字率，加大政府债券发行力度，对冲经济下行压力，加大减税降费力度，对冲企业经营困难，加大转移支付力度，加强预算平衡，对冲疫情减收的影响。

总体来看，在新冠疫情冲击下，政府出台了一系列政策，支持“六稳”“六保”工作，取得了显著成效，国内经济持续改善。但经济仍面临不少挑战，下行压力依然存在，金融风险依然存在，需要关注。

（二）房地产行业

截至目前，房地产企业历史违约率为2%，若以3%作为预警阈值，330 家房地产企业中被打分卡列为高风险企业主体的有 10 家，其中包含今年已经违约的 5 家主体中的 3 家（如表 5－8 所示）。2020 年，房地产行业违约企业共 5 家，分别为泰禾集团股份有限公司、上海三盛宏业投资（集团）有限责任公司、天津房地产集团有限公司、北京华业资本控股股份有限公司、重庆爱普地产（集团）有限公司。

表 5－8　债务风险较高的前 3%企业样本（房地产）

发行人	得分	排名
重庆爱普地产（集团）有限公司	－13.8	330
北京华业资本控股股份有限公司	－4.6	329
北京金泰房地产开发有限责任公司	－4.0	328
中弘控股股份有限公司	0.8	327
云南城投置业股份有限公司	2.1	326
南京国资投资置业有限公司	11.9	325
泰禾集团股份有限公司	12.0	324
中房集团成都房地产开发有限公司	15.7	323
昆明东骏置业有限公司	15.8	322
云南省房地产开发经营（集团）有限公司	21.2	321

（三）煤炭行业

从历史数据看，煤炭行业的发行人违约率为 5.43%，若以 6% 作为预警阈值，2020 年，67 家煤炭行业企业中违约率高于 6% 的企业有 5 家（如表 5－9 所示）。2020 年，煤炭行业实际违约企业 1 家，为永城煤电控股集团有限公司，得分排名为第 49 名。

表 5－9　　债务风险较高的前 6%企业样本（煤炭）

发行人	得分	排名
江西省能源集团有限公司	2.5	67
中国大唐集团能源投资有限责任公司	2.5	66
郑州煤炭工业（集团）有限责任公司	9.1	65
太原煤炭气化（集团）有限责任公司	16.3	64
永城煤电控股集团有限公司	48.9	49

（四）钢铁行业

根据历史数据，钢铁行业发行人违约率为 4.88%。若以 5% 作为预警阈值，2020 年 34 家钢铁行业企业主体中，违约概率高于 5% 的企业有 2 家，分别为本钢集团有限公司和攀钢集团攀枝花钢钒有限公司（如表 5－10 所示）。截至 2020 年 11 月末，钢铁行业尚无违约企业。

表 5－10　　债务风险较高的前 5%企业样本（钢铁）

发行人	得分	排名
本钢集团有限公司	31.6	34
金昌市建设投资开发（集团）有限责任公司	38.3	33

六、评价方法的优势与局限

（一）优势

打分卡优势在于简便易行，可以根据业务经验设置指标及其权重，综合运用定量数据分析和定性分析。与此同时，打分卡假定变量之间的关系满足线性特征，可解释性强，有助于分析企业债务风险的关键因素及其影响程度。不仅如此，根据经验判断构建的指标体系，更适用于样本量较少的情形，避免了大数据分析中的过拟合现象。

本章在打分卡方法的框架下，从宏观、中观、微观三个层面，对企业信用资质、经营情况、财务状况进行多维度综合评价，揭示企业债务风险的影响因素，从而实现对企业债务风险的监测，并以此为市场隐含评级和大数据方法提供基准参考。

（二）局限

打分卡方法所选择的指标及其权重分数主要来源于业务经验判断，具有一定的主观性。为了提高分析准确性，往往需要分群建模，例如，针对不同行业建立不同打分卡，增加了一定的工作量。此外，经验判断往往基于历史和当前的情况，但这在监测和预警未来企业债务风险时可能存在一定的不确定性。为此，需要结合宏观经济形势、行业发展情况、企业经营状况等因素定期进行调整修正。

第六章　基于中债市场隐含评级的债务风险监测预警

在市场效性假说下，债券的公开与非公开信息都可以迅速反映在市场价格上。因此，中债市场隐含评级可动态反映市场投资者对债券的信用评价。本章基于中债市场隐含评级监测企业债务风险。

一、中债市场隐含评级介绍

中债市场隐含评级是根据市场价格信息提炼出的动态反映市场投资者对债券的信用评价，是一种基于市场价格信息的信用风险监测指标，由中债金融估值中心有限公司（以下简称中债估值中心）编制。中债市场隐含评级自2008年推出，现已覆盖所有在岸人民币信用类债券，每日发布市场隐含评级逾4.8万个。

债券中债市场隐含评级的确定依赖于当日中债信用类债券收益率曲线和中债估值的编制结果。原则上，按照中债信用类债券收益率曲线的等级区间划分确定各等级中债市场隐含评级所对应收益率的上限与下限。根据债券可靠市场价格及估值收益率，剔除流动性等因素后，与相应中债信用类债券收益率曲线的等级区间进行比较，从而得到债券的市场隐含评级结果。

中债市场隐含评级的等级符号表示为：AAA 级、AA 级、A 级、BBB 级、BB 级、B 级、CCC 级、CC 级、C 级。除 CCC 级及以下等级外，每一个信用等级可用“+”和“-”符号进行调整，表示略高或略低于本等级。部分券种的中债市场隐含评级根据实际情况需要，可在“+”和“-”的基础上使用数字“2”进行进一步微调，表示略低于本等级。

二、中债市场隐含评级影响因素

（一）市场价格信息

市场价格是中债市场隐含评级确定时重要的参考因素之一，债券市场价格种类较多，可按发行和流通分为一级市场价格和二级市场价格，按流通场所划分可分为银行间市场价格和交易所市场价格等，按报价方可分为中介货币经纪报价和做市商报价等。

中债市场隐含评级依托市场价格信号，全覆盖的市场价格信号为中债市场隐含评级编制提供了重要的数据基础。目前，中债市场隐含评级的编制价格源覆盖银行间做市商、尝试做市商报价，中介货币经纪报价，银行间市场成交价，交易所成交价，一级市场发行价及成员估值等。

在实践中，不同流通场所或不同债券间市场价格可能经常存在分歧，进而可能导致同一发行人存续债券价格不一致。而同一发行人全部无增信债券信用水平应一致，因此在通过价格确定中债市场隐含评级时，应优先制定价格可靠性评价和选取原则。一般而言，不存在“指导投标”“商定利率”及“费用返还”等干扰因素，发行信息披露较为充分的一级市场价格可靠性更高。在二级市场价格中，能相互印证的报价与成交价，与发行主体信用资质相匹配的成交价，买卖价差、时间持续性满足一定要求的报价可靠性更高。通过对市场价格的去粗取精，中债估值中心通过可靠市场价格确定中债市场隐含评级。

（二）发债主体财务及经营信息

中债市场隐含评级参考中债估值确定，中债估值确定时除可靠市场价格外，还会参考发行主体的财务及经营信息。在没有可靠的市场价格情况下，发行主体的财务及经营信息可为中债估值及中债市场隐含评级提供参考。

不同行业间财务表现和经营指标存在差异，因此中债估值及中债市场隐含评级确定时会根据行业特点参考不同财务及经营指标。以煤炭行业为例，部分大型地方国有煤炭企业资源储备充足，在股东和政策支持方面拥有较大优势，其发行债券的市场收益率下行明显，市场价格和财务经营信息均支持中债市场隐含评级调升。在煤炭行业整合度提升的背景下，区域内储量较少、开采条件恶劣且远离消费区的煤炭企业会被逐渐整合，以达到煤企资源的优化配置。综合煤炭行业发展趋势及煤炭企业特点，可以发现资源禀赋是煤炭信用评级过程中重要的参考因素之一。实践中，比较发债企业公开披露的煤炭开采储量、地质储量及煤炭可采储量三个指标，从可比性和可获得性的角度可以确定煤炭可采储量可以作为煤炭企业存续债券中债估值和中债市场隐含评级确定的参考因素之一。

（三）市场其他公开信息

中债市场隐含评级会参考市场公开信息对债券基本面予以判断，辅助中债市场隐含评级调整。市场公开信息包括发债企业财务报告、评级公司公告、债券其他公开披露公告和权威媒体报道等。同时，对偿债顺序在普通债权之后的次级债券或资本补充债券，或附加第三方或抵质押增信条款的债券，会根据不同债券条款调整中债市场隐含评级。

三、中债市场隐含评级信用风险揭示作用

（一）中债市场隐含评级 AA - 级及以下等级债券风险提升明显

追溯历史违约及展期样本，可以发现中债市场隐含评级 AA 级及以上等级债券信用风险相对较低，AA - 级及以下等级债券信用风险相对较大。分别统计 2018 年和 2019 年违约及展期债券金额与当年到期金额之比，AA 级及以上等级风险比例、AA - 级及以下等级风险比例定义如下：

$$\text{AA 级及以上等级风险比例} = \frac{\text{AA 级及以上等级违约或展期公司信用类债券规模}}{\text{AA 级及以上等级公司信用类债券总到期量}}$$

$$\text{AA-级及以下等级风险比例}=\frac{\text{AA-级及以下等级违约或展期公司信用类债券规模}}{\text{AA-级及以下等级公司信用类债券总到期量}}$$

其中，总到期量指在统计年份内到期、提前还款、赎回和回售的公司信用类债券规模之和。公司信用类债券统计口径为企业债、公司债、中期票据、短期融资券、超短期融资券、定向融资工具和资产支持证券。

从统计结果可以看出，2018 年年内公司信用类债券总到期金额共计 68006.21 亿元，其中，中债市场隐含评级 AA 级及以上债券总到期金额为 53581.67 亿元，AA－级及以下债券总到期金额为 12191.73 亿元。而中债市场隐含评级 AA 级及以上债券违约及展期金额仅为 16.1 亿元，AA－级及以下债券违约及展期金额却达到 719.9 亿元。可以计算出，中债市场隐含评级 AA 级及以上的债券到期金额占比高达 81.46%，而风险比例仅为 0.03%；而 AA－级及以下的债券到期金额占比仅为 18.54%，风险比例却为 5.90%。

同样的统计口径使用至 2019 年，2019 年年内公司信用类债券总到期金额共计 82088.45 亿元，其中，中债市场隐含评级 AA 级及以上债券总到期金额为 66601.75 亿元，AA－级及以下债券总到期金额为 12307.49 亿元。而中债市场隐含评级 AA 级及以上债券违约及展期金额仅为 57.8 亿元，AA－级及以下债券违约及展期金额却达到 1106.4 亿元。可以计算出，中债市场隐含评级 AA 级及以上的债券到期金额占比高达 84.40%，而风险比例仅为 0.09%；而 AA－级及以下的债券到期金额占比仅为 15.60%，风险比例却高达 8.99%，A＋级及以下的债券到期金额占比仅为 4.03%，风险比例却为 26.98%（如表 6－1 所示）。

表 6－1　　2018 年和 2019 年中债市场隐含评级风险比率统计

中债市场隐含评级	2018 年				2019 年			
	到期金额（亿元）	到期金额占比（亿元）	违约金额（亿元）	风险比例	到期金额（亿元）	到期金额占比（亿元）	违约金额（亿元）	风险比例
AA 级及以上	53581.67	81.46%	16.1	0.03%	66601.75	84.40%	57.8	0.09%
AA－级及以下	12191.73	18.54%	719.9	5.90%	12307.49	15.60%	1106.4	8.99%
A＋级及以下	2232.81	3.39%	264.09	11.83%	3179.21	4.03%	857.89	26.98%

（二）违约发行人违约前一个月中债市场隐含评级与风险揭示

截至 2020 年 11 月末，2020 年首次发生违约的发行人共 28 家，本书聚焦于发生违约的样本，比较违约前一个月时间点中债市场隐含评级分布，从而阐述中债市场隐含评级在信用风险揭示方面的作用。

违约前 30 日发行主体存续债券隐含评级最高为 AA－级，26 家违约发行人存续债券已置于 A＋级及以下（详见表 6－2）。可以看出，在违约前一个月时，违约主体存续债券中债市场隐含评级已降至较低等级。

表 6－2　　中债市场隐含评级的信用风险揭示效果

序号	违约发行人	首次债券违约日期	违约前 1 个月中债市场隐含评级
1	华晨电力股份公司	2020－01－02	CCC
2	大连天神娱乐股份有限公司	2020－01－21	B
3	东旭集团有限公司	2020－01－23	CC
4	康美药业股份有限公司	2020－02－03	CC
5	北大方正集团有限公司	2020－02－20	CC
6	新华联控股有限公司	2020－03－06	A

续表

序号	违约发行人	首次债券违约日期	违约前1个月中债市场隐含评级
7	北京桑德环境工程有限公司	2020-03-09	A
8	力帆实业（集团）股份有限公司	2020-03-15	B
9	重庆力帆控股有限公司	2020-03-27	A
10	中融新大集团有限公司	2020-04-19	CC
11	宜华企业（集团）有限公司	2020-05-02	B-
12	中国吉林森林工业集团有限责任公司	2020-05-18	BB
13	北京信威通信技术股份有限公司	2020-05-31	B
14	青海省投资集团有限公司	2020-06-23	CC
15	泰禾集团股份有限公司	2020-07-05	BBB
16	东营方圆有色金属有限公司	2020-07-07	A+
17	华讯方舟科技有限公司	2020-07-14	BBB
18	山东玉皇化工有限公司	2020-07-16	B-
19	正源房地产开发有限公司	2020-07-16	BB+
20	天津市房地产信托集团有限公司	2020-08-23	A+
21	铁牛集团有限公司	2020-09-04	BBB
22	天津房地产集团有限公司	2020-09-08	BBB
23	华晨汽车集团控股有限公司	2020-11-26	BB
24	上海巴安水务股份有限公司	2020-10-20	A+
25	紫光集团有限公司	2020-11-17	A
26	永城煤电控股集团有限公司	2020-11-10	AA-
27	成龙建设集团有限公司	2020-11-13	AA-
28	福建福晟集团有限公司	2020-11-19	BBB

四、中债市场隐含评级稳定性

中债市场隐含评级以市场价格信号为基础，但调整时会对市场价格进行可靠性评价，同时结合公司财务及经营基本信息，因此在时效性的同时也兼顾了整体的稳定性。

从统计数据看，2019 年年初和年末均存续的债券中，中债市场隐含评级发生变动的债券共计 1847 只，约占全部中债信用债估值数量的 10.00%（详见表 6－3），而同口径评级公司的评级变动比例为 9.92%。中债市场隐含评级的稳定性与评级公司评级接近。

表 6－3　　2019 年中债市场隐含评级变化矩阵

	AAA+	AAA	AAA-	AA+	AA	AA-	A+	A	A-	BBB+	BBB	BB	B	CCC	CC	C
AAA+	235	0	0	0	0	0	0	0	0	0	0	0	0	0	0	0
AAA	0	4503	23	133	13	2	2	0	0	0	0	0	0	0	0	0
AAA-	0	0	1257	79	3	0	0	0	0	0	0	0	0	0	0	0
AA+	0	2	1	2393	70	47	12	0	0	0	0	0	0	0	0	0
AA	0	0	7	179	5051	238	89	12	0	0	0	0	0	0	0	0
AA-	0	0	0	46	256	2546	97	10	1	0	0	0	0	0	0	0
A+	0	0	0	22	12	116	231	19	5	0	2	0	0	0	0	0
A	0	0	0	0	8	9	16	115	0	0	0	0	0	0	0	0
A-	0	0	0	0	1	5	23	10	45	0	1	0	0	0	0	0
BBB+	0	0	0	4	0	0	12	6	1	10	1	0	0	0	0	0
BBB	0	0	0	0	0	7	5	2	0	11	5	0	0	0	0	0
BB	0	0	0	0	0	5	2	0	0	0	0	6	0	0	0	0
B	0	0	0	0	0	0	0	0	0	0	0	4	5	0	0	0
CCC	0	0	0	0	0	2	5	0	0	0	0	0	0	1	0	0
CC	0	0	0	0	22	13	0	0	13	0	0	1	0	2	0	0
C	0	0	0	0	6	57	11	4	7	2	27	18	5	21	0	229

维持
上调
下调

五、中债市场隐含评级与违约实证分析

若以中债市场隐含评级 A＋级作为预警阈值，2019 年末中债市场隐含评级 A＋级及以下债券涉及发行主体有 164 家，其中包括 2020 年已经违约的 50 家企业主体中的 34 家。2020 年新增违约发行人 28 家中，在 2019 年底已降至 A＋级及以下的发行人涉及 21 家

（详见表6－4）。由此可以看出，中债市场隐含评级在信用风险揭示方面可以起到一定作用。

表6－4　2020年违约发行人在2019年底中债市场隐含评级

序号	发行人	首次违约日期	2019年12月31日中债市场隐含评级
1	北京桑德环境工程有限公司	2020－03－09	CC
2	康美药业股份有限公司	2020－02－03	CC
3	北大方正集团有限公司	2020－02－20	CC
4	正源房地产开发有限公司	2020－07－16	CCC
5	山东玉皇化工有限公司	2020－07－16	B－
6	宜华企业（集团）有限公司	2020－05－02	B－
7	力帆实业（集团）股份有限公司	2020－03－15	B
8	大连天神娱乐股份有限公司	2020－01－21	B
9	北京信威通信技术股份有限公司	2020－05－31	B
10	东旭集团有限公司	2020－01－23	B＋
11	中国吉林森林工业集团有限责任公司	2020－05－18	BB
12	青海省投资集团有限公司	2020－06－23	BB
13	华晨电力股份公司	2020－01－02	BB
14	中融新大集团有限公司	2020－04－19	BBB
15	天津房地产集团有限公司	2020－09－08	A－
16	铁牛集团有限公司	2020－09－04	A
17	重庆力帆控股有限公司	2020－03－27	A
18	泰禾集团股份有限公司	2020－07－05	A
19	新华联控股有限公司	2020－03－06	A＋
20	天津市房地产信托集团有限公司	2020－08－23	A＋
21	华讯方舟科技有限公司	2020－07－14	A＋
22	成龙建设集团有限公司	2020－11－13	AA－
23	福建福晟集团有限公司	2020－11－19	AA－
24	上海巴安水务股份有限公司	2020－10－20	AA－
25	华晨汽车集团控股有限公司	2020－11－26	AA
26	紫光集团有限公司	2020－11－17	AA
27	永城煤电控股集团有限公司	2020－11－10	AA
28	东营方圆有色金属有限公司	2020－07－07	—

六、中债市场隐含评级的优势和局限性

（一）优势分析

随着市场有效性的提升，市场信息可以迅速在市场价格中得到反映，中债市场隐含评级可以更及时地反映信用风险变化；对部分无评级公司评级的债券，中债市场隐含评级填补了评级公司评级的空白。

（二）局限性分析

中债市场隐含评级依赖于可靠市场价格，当发行人存续债券无可靠市场价格时，中债市场隐含评级就会较难及时调整发行主体存续债券的中债市场隐含评级；此外，市场价格中包含信用因素及流动性因素，中债市场隐含评级反映的是市场价格中的信用因素，需要对私募债券流动性因素仔细甄别。

第七章　基于机器学习模型的债务风险监测预警

机器学习是研究如何使用计算机模拟或实现人类学习活动的科学，其以概率统计学为主要理论基础，通过计算机程序实现特定的建模方法对已有样本数据进行学习，训练出有效的模型，再通过此模型达到预测未来的效果，即“训练”产生“模型”，“模型”指导“预测”。债券违约风险监测的问题是预测发行人未来是否违约的二分类问题，本章采用一种常用的二分类机器学习模型——Logistic 回归模型，对发行人主要财务数据进行建模，据此预测发行人违约概率。

一、企业样本选择

考虑样本数量、违约样本占比，以及模型的统一性，本书选取公司信用类债券发行主体共 3561 个作为建模样本，其中，包括历史已违约样本 57 个。

二、风险指标筛选

考虑数据的可获取性，实证分析主要使用发行人的相关财务数据，数据来源于 Wind。实证分析包含定性指标 7 个，定量指标 20 个。

三、机器学习模型的理论基础

（一）信息值

信息值（Information Value，IV），是衡量两个名义变量（其中一个是二元变量）之间关联性的指标。假设名义变量 x，y 的双向频率表标记如表 7 -1 所示。

表 7 -1　　名义变量 x，y 的双向频率表

x	y			总计
	y_1	…	y_c	
x_1	n_{11}	…	n_{1c}	$n_{1.}$
…	…	…	…	…
x_r	n_{r1}	…	n_{rc}	$n_{r.}$
总计	$n_{.1}$	…	$n_{.c}$	N

每一行的合计频数记为 $n_{1.}$，$n_{2.}$，…，$n_{r.}$，每一列的合计频数记为 $n_{.1}$，$n_{.2}$，…，$n_{.c}$，数据集样本总量为 N，即：

$$N = \sum_{i=1}^{r} n_{i.} = \sum_{j=1}^{c} n_{.j} = \sum_{i=1}^{r} \sum_{j=1}^{c} n_{ij}$$

如果 x 是连续变量，该变量被分段，且这些分段被当作一个名义变量的无序类别对待即可。因此，对二元因变量 y，即 $c=2$，信息值定义为：

$$IV = \sum_{i=1}^{r}\left(\frac{n_{i1}}{n_{-1}} - \frac{n_{i2}}{n_{-2}}\right)\log\left(\frac{n_{i1}/n_{-1}}{n_{i2}/n_{-2}}\right) = \sum_{i=1}^{r}(p_i - q_i)\log\left(\frac{p_i}{q_i}\right)$$

其中，$p_i = \frac{n_{i1}}{n_{-1}}$ 和 $q_i = \frac{n_{i2}}{n_{-2}}$，分别为第 i 行中因变量 y 取 0、1 的百分比，式中任意一个频数 n_{i1} 和 n_{i2} 为零时，信息值将无法定义。

由于信息值和似然比检验统计量之间的密切关系，可以用卡方分布为 IV 和类别数 r 指定一个显著性水平，在此基础上提供信用评分卡开发实践中用信息值决定候选自变量预测力的一般准则（如表 7-2 所示）。

表 7-2 IV 范围和预测力

IV 范围	预测力
<0.02	无预测力
0.02~0.10	弱
0.10~0.30	中等
>0.30	强

（二）指标分箱

在进行 Logistic 回归模型拟合时，基于模型稳健性的考虑，以及标准评分卡的转换的需要，需对类别较多的定性指标降低基数，对定量指标进行分段处理，这一过程统称为指标分箱。对定性指标，主要是合并变量的类别使分箱后的指标 IV 尽可能大，同时兼具可解释性；对定量指标，有等距、等频分箱和最优分箱，等距、等频分箱更容易被用户所理解，但是缺乏理论依据，导致分箱后的指标难以进入模型，故定量指标一般考虑进行最优分箱，其理论基础是决策树分类算法，即找到该定量指标的一个切割点，使样本不确定性下降最多，再将切分后的数据集按同样原则切分，直到某一终止条件为止。

（三）证据权重转换

证据权重（Weight of Evidence，WOE）转换是评分卡开发过程中一个特有的数据准备过程，WOE 转换可以将 Logistic 回归模型转变为标准评分卡格式。变量 x,y 的双向频率表及其 WOE 值如表 7－3 所示。

表 7－3　　变量 x，y 的双向频率表及其 WOE 值

x	$y(isDefault)$		$\mathrm{WOE}(x_i)$
	$y_1=0$	$y_2=1$	
x_1	n_{10}	n_{11}	$\ln\left(\frac{n_{11}/n_{-1}}{n_{10}/n_{-0}}\right)$
…	…	…	…
x_i	n_{i0}	n_{i1}	$\ln\left(\frac{n_{i1}/n_{-1}}{n_{i0}/n_{-0}}\right)$
…	…	…	…
x_r	n_{r0}	n_{r1}	$\ln\left(\frac{n_{r1}/n_{-1}}{n_{r0}/n_{-0}}\right)$
总计	n_{-0}	n_{-1}	

由此可以看出，WOE 是第 i 类中违约与正常的比率与整个样本中违约与正常的比率的比值取对数，其目的是衡量第 i 类对违约与正常的比率的影响程度。

需要注意的是，建立标准信用评分卡也可以不采用 WOE 转换，使用哑变量也可以得到效果相同的评分卡，但由于哑变量会引入更多的自变量，无法对自变量的每一个取值计算其信用得分，并且回归模型筛选变量时可能出现某个自变量被部分舍弃的情况，故一般会采用 WOE 转换的数据进行模型拟合。

（四）Logistic 回归理论

Logistic 回归是一种适合二分类问题的建模方法，主要应用于研究某事件的发生概率，由于其良好的可解释性、稳健性，以及方便部署等优点，被广泛应用于金融信贷业务。Logistic 回归本质上是多元线性回归的扩展，通过 Sigmoid 函数作为链接函数转换而得。模型以对数违约几率 $\ln\left(\frac{p}{1-p}\right)$，其中 p 为违约概率，作为因变量，以各相关指标作为自变量，利用已有分类样本，进行多元线性拟合，从而得到违约概率预测。即通过样本数据拟合以下模型：

$$\ln(\text{odds}) = \ln\left(\frac{p}{1-p}\right) = \beta_0 + \beta_1 x_1 + \beta_2 x_2 + ... + \beta_p x_p,$$

其中，p 为违约概率，$x_1, x_2, ..., x_p$ 为进入模型的指标，$\beta_1, \beta_2, ..., \beta_p$ 为线性拟合系数。若记某样本 x_i 各个指标取值为（$x_{i1}, x_{i2}, ..., x_{ip}$），其对数违约几率的估计值为：

$$\hat{y}_i = \beta_0 + \beta_1 x_{i1} + \beta_2 x_{i2} + ... + \beta_p x_{ip}$$

违约概率为 $p_i = \exp\{\hat{y}_i\}/(1 + \exp\{\hat{y}_i\})$，然后根据标准评分卡转换理论进行评分转换。

四、风险预警实证过程

针对上述的样本及指标，选择适当的机器学习模型建模。考虑模型可解释性、准确度、灵敏度等方面的要求，本书采用 Logistic 回归的信用风险评分卡模型，以违约概率及风险评分作为输出。

（一）数据探索和数据清洗

对于定性指标，以初始分类为分箱遍历所有定性指标，计算其 IV，结果见表 7－4。

表 7－4　定性指标及 IV

项目	var	IV	strength
企业性质	NATURE	4.58	HighlyPredictive
行业_ 申万	INDUSTRY_ sw	3.56	HighlyPredictive
省份	PROVINCE	3.23	HighlyPredictive
审计意见	audit_ category	2.76	HighlyPredictive
行业_ wind	INDUSTRY_ wind	0.91	HighlyPredictive
审计机构是否变更_ 近 2 年	audit_ agency_ change_ last2	0.30	SomewhatPredictive
审计机构是否变更_ 近 3 年	audit_ agency_ change_ last3	0.02	SomewhatPredictive

取IV＞0.02 的指标进行分类合并，将每个指标控制在 5 个类别以内，除特殊情况外，每个分箱内样本量不少于 5%，行业取申万行业分类，审计机构是否变更取近 2 年数据，分箱结果见表 7－5。

表7-5 定性指标分箱结果

var	IV	bins	bads	goods	total	PCT_ bads	PCT_ goods	woe	iv_ bin
INDUSTRY	1.07	1	15	130	145	25.86%	3.71%	1.9414	0.4300
		2	12	239	251	20.69%	6.82%	1.1094	0.1538
		3	22	1314	1336	37.93%	37.51%	0.0111	0.0000
		4	7	1658	1665	12.07%	47.33%	-1.3665	0.4819
		5	2	162	164	3.45%	4.62%	-0.2935	0.0035
NATURE	3.29	1	11	144	155	19.30%	4.11%	1.5467	0.2349
		2	22	707	729	38.60%	20.18%	0.6486	0.1195
		3	18	1199	1217	31.58%	34.22%	-0.0803	0.0021
		4	6	1454	1460	10.53%	41.50%	-1.3717	0.4248
PROVINCE	0.78	1	45	292	337	78.95%	8.33%	2.2485	1.5878
		2	2	75	77	3.51%	2.14%	0.4943	0.0068
		3	4	68	72	7.02%	1.94%	1.2854	0.0653
		4	6	3069	3075	10.53%	87.59%	-2.1187	1.6327
audit_ category	2.75	NA	9	60	69	15.79%	1.71%	2.2215	0.3127
		保留意见	10	13	23	17.54%	0.37%	3.8562	0.6622
		标准无保留意见	22	3386	3408	38.60%	96.63%	-0.9178	0.5326
		带强调事项段的无保留意见	7	44	51	12.28%	1.26%	2.2803	0.2514
		无法表示意见	9	1	10	15.79%	0.03%	6.3158	0.9954
audit_ agency_ change	0.30	否	35	2691	2726	61.40%	76.80%	-0.2237	0.0344
		是	13	732	745	22.81%	20.89%	0.0878	0.0017
		NA	9	81	90	15.79%	2.31%	1.9214	0.2590

其中，行业、企业性质、省份的具体分箱见表7-6。

表 7-6 行业、企业性质、省份的分箱结果

var	bins	value
INDUSTRY	1	通信，汽车，有色金属，化工
	2	轻工制造，食品饮料，机械设备，农林牧副，计算机，电子，商业贸易，传媒
	3	医药生物，公用事业，综合，房地产，采掘，NA
	4	非银金融，交通运输，建筑装饰
	5	休闲服务，建筑材料，家用电器，国防军工，钢铁，纺织服装，电气设备
NATURE	1	民营企业
	2	中外合资企业，外商独资企业，外资企业
	3	集体企业，公众企业，其他企业
	4	中央国有企业，地方国有企业，NA
PROVINCE	1	青海省，辽宁省，甘肃省，吉林省，黑龙江省
	2	北京，河北省，山东省，安徽省
	3	湖北省，山西省，上海，福建省，广东省，天津，河南省，浙江省
	4	重庆，江苏省，湖南省，四川省

然后对 5 个定性指标按照上述分箱结果进行 WOE 转换，作为备选入模型指标。

对于定量指标，由于定量指标较多，且同一类别的指标往往具有较强的相关性，一方面用随机森林法得到指标重要性，另一方面通过遍历所有定量指标进行最优分箱，粗筛得到一部分区隔力较强的定量指标，结果见表 7-7。

表 7-7 定量指标筛选和 IV 值

序号	name	var	Random Forest_ %IncMSE	Smbinning_ iv
1	变异系数_ 营业收入	cv_ of_ operating_ income	13.09	1.95
2	标准差_ 净资产收益率	sd_ roe	7.88	2.30

续表

序号	name	var	Random Forest_ %IncMSE	Smbinning_ iv
3	变异系数_ 净利润	cv_ of_ net_ profit	6.70	2.83
4	变异系数_ 期初现金及现金等价物余额/期末现金及现金等价物余额	cv_ ratio_ of_ cash_ and_ cash_ equivalents_ to_ the_ balance_ of_ cash_ and_ cash_ equivalents_ at_ the_ beginning_ of_ the_ period	5.26	0.47
5	标准差_ 近3年净资产	sd_ of_ the_ last_ 3_ year_ net_ assests	4.70	—
6	变异系数_ 短期借款/流动负债	cv_ ratio_ of_ short_ term_ borrowings_ to_ current_ liabilities	4.28	0.55
7	均值_ 净资产收益率	mean_ roe	3.86	—
8	变异系数_ 近3年净资产	cv_ of_ the_ last_ 3_ year_ net_ assests	3.38	0.17
9	变异系数_ 税费/营业收入	cv_ of_ taxes_ to_ operating_ income_ ratio	3.19	—
10	标准差_ 资产负债率	sd_ debttoasset	2.63	0.45
11	变异系数_ 销售费用/营业总收入	cv_ of_ sales_ expense_ to_ operating_ income_ ratio	2.59	0.37
12	变异系数_ 财务费用/营业总收入	cv_ of_ financial_ expense_ to_ operating_ income_ ratio	2.56	—
13	变异系数_ 净资产收益率	cv_ roe	2.53	1.22
14	变异系数_ 资产负债率	cv_ debttoasset	2.48	0.21
15	变异系数_ 收到的其他与经营活动有关的现金/期末现金及现金等价物余额	cv_ ratio_ of_ cash_ to_ end_ cash_ and_ cash_ equivalent_ balances_ received_ from_ other_ business_ activities	2.13	—

续表

序号	name	var	Random Forest_ %IncMSE	Smbinning_ iv
16	变异系数_ 营业外收入/营业总收入	cv_ of_ non_ operating_ income_ to_ operating_ income_ ratio	2.03	—
17	均值_ 资产负债率	mean_ debttoasset	1.84	0.43
18	均值_ 近3年净资产	mean_ value_ of_ the_ last_ 3_ year_ net_ assests	1.73	—
19	变异系数_ 经营活动产生的现金流量净额/期末现金及现金等价物余额	cv_ ratio_ of_ cash_ inflow_ of_ operating_ activities_ to_ cash_ and_ cash_ equivalent_ balances_ at_ end_ of_ period	1.55	—
20	变异系数_ 营业外支出/营业总收入	cv_ of_ non_ operating_ expense_ to_ operating_ income_ ratio	1.19	—

对上述筛选出来重要性和IV均较高的指标进行分箱调整及WOE转换，作为候选进入模型的指标。

(二) 数据建模过程

合并定性及定量WOE数据，对WOE数据进行相关性检验，相关系数热力图见图7-1。对相关系数较高的变量，可基于回归系数的显著性并结合专家经验，选取合适的指标进入模型。

在进行Logistic回归模型拟合时，由于整体违约样本占比仅为1.6%，存在严重的正负样本不均衡情况，故考虑采用EasyEnsemble集成学习算法：对多数类样本通过n次抽样生成n份子集，少数类样本分别和这n份样本合并训练一个模型，得到n个子模型，最终模型为n个模型预测结果的平均值，这里取$n=5$。即将所有未违约

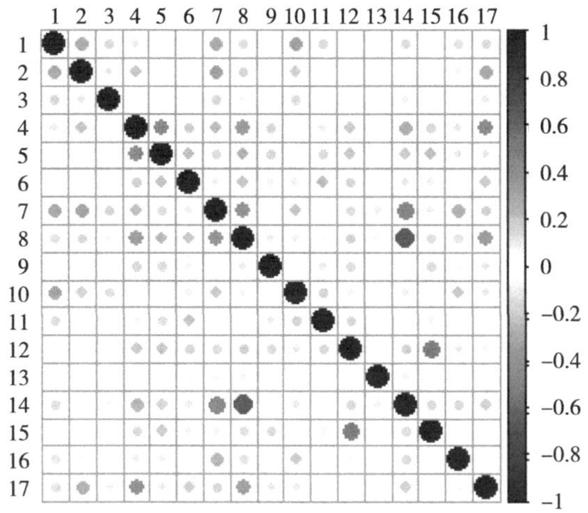

图 7－1 WOE 数据相关性检验结果

样本分为 5 份，每次分别取一份未违约样本和违约样本进行建模。每次将样本按照 85%：15% 的比例划分为训练集和测试集合。

在每一次拟合时使用逐步回归法筛选进入模型的变量，设置变量显著水平 95% 置信度，根据实际情况可适当放松，5 个子模型的回归系数如表 7－8 所示。

表 7－8 5 个子模型的回归系数

var	coefficients_ 1	coefficients_ 2	coefficients_ 3	coefficients_ 4	coefficients_ 5
(Intercept)	－2. 7843	－2. 7773	－3. 3974	－2. 9841	－3. 1282
INDUSTRY_ seg_ WOE	0. 6101	0. 4875	0. 5080	0. 3209	0. 4377
NATURE_ seg_ WOE	0. 7927	0. 9706	0. 9171	0. 9228	0. 8812
PROVINCE_ seg_ WOE	0. 9918	1. 6760	2. 1799	1. 2341	1. 9167
audit_ category_ WOE	0. 5550	0. 3175	0. 8634	0. 5723	0. 8773
cv _ of _ operating _ income_ WOE	0. 8870	0. 9188	0. 8672	0. 6928	0. 8159

续表

var	coefficients_ 1	coefficients_ 2	coefficients_ 3	coefficients_ 4	coefficients_ 5
cv_ ratio_ of_ cash_ and_ cash_ equivalents_ to_ the_ balance_ of_ cash_ and_ cash_ equivalents_ at_ the_ beginning_ of_ the_ period_ WoE	0. 5857	0. 3877	0. 6233	0. 5640	0. 7758
cv_ ratio_ of_ short_ term_ borrowings_ to_ current_ liabilities_ WoE	0. 7663	1. 0873	0. 9878	0. 9600	1. 4102
cv_ roe_ WoE	0. 5023	0. 8917	0. 8156	0. 7083	0. 5233
mean_ debttoasset_ WoE	0. 7241	0. 9657	1. 0466	0. 9864	1. 2604

其中，模型1效果如表7-9和表7-10所示。

表7-9　　　　子模型1的实证效果

	Estimate	Std. Error	zvalue	Pr (>|z|)	
(Intercept)	-2. 7843	0. 4423	-6. 2950	0. 0000	***
INDUSTRY_ seg_ WoE	0. 6101	0. 2952	2. 0670	0. 0388	*
NATURE_ seg_ WoE	0. 7927	0. 1864	4. 2520	0. 0000	***
PROVINCE_ seg_ WoE	0. 9918	0. 3990	2. 4860	0. 0129	*
audit_ category_ WoE	0. 5550	0. 2128	2. 6080	0. 0091	**
cv_ of_ operating_ income_ WoE	0. 8870	0. 2137	4. 1510	0. 0000	***
cv_ ratio_ of_ cash_ and_ cash_ equivalents_ to_ the_ balance_ of_ cash_ and_ cash_ equivalents_ at_ the_ beginning_ of_ the_ period_ WoE	0. 5857	0. 3654	1. 6030	0. 1090	
cv_ ratio_ of_ short_ term_ borrowings_ to_ current_ liabilities_ WoE	0. 7663	0. 3880	1. 9750	0. 0483	*
cv_ roe_ WoE	0. 5023	0. 2627	1. 9120	0. 0559	.
mean_ debttoasset_ WoE	0. 7241	0. 5076	1. 4260	0. 1537	
Signif. codes: 0 '***' 0. 001 '**' 0. 01 '*' 0. 05 '.' 0. 1 ' ' 1					

表 7-10　　子模型 1 的预测效果

因素	truepredicted	0	1	总计
Train	0	604	28	632
	1	1	49	50
	Total	605	77	682
Test	0	106	7	113
	1	0	7	7
	Total	106	14	120
总计		711	91	802

由以上 5 个模型集成得到 Logistic 模型结果为：

$$\ln\left(\frac{p}{1-p}\right) = -3.0143 + 0.4728X_1 + 0.8969X_2 + 1.5997X_3 + 0.6371X_4 + 0.8364X_5 + 0.5873X_6 + 1.0423X_7 + 0.6883X_8 + 0.9966X_9$$

其中，$X_1, X_2, \ldots, X_9$ 依次为表 7-10 中的 9 个进入模型的指标。

接下来，采用标准评分卡的方式进行评分转换，这里给定 600 分对应违约概率为 1，违约几率翻倍则对应得分减少 20 分，评分模型如表 7-11 所示。

表 7-11　　评分模型

name	var	bin	score
截距项	Intercept		687
行业	INDUSTRY_ seg	通信，汽车，有色金属，化工	-26.7
		轻工制造，食品饮料，机械设备，农林牧副，计算机，电子，商业贸易，传媒	-15.4

续表

name	var	bin	score
行业	INDUSTRY_ seg	医药生物，公用事业，综合，房地产，采掘，NA	-0.4
		非银金融，交通运输，建筑装饰	18.4
		休闲服务，建筑材料，家用电器，国防军工，钢铁，纺织服装，电气设备	13.3
企业性质	NATURE_ seg	民营企业	-58.2
		中外合资企业，外商独资企业，外资企业	-12.8
		集体企业，公众企业，其他企业	-33.3
		中央国有企业，地方国有企业，NA	54.8
省份	PROVINCE_ seg	青海省，辽宁省，甘肃省，吉林省，黑龙江省	-71.4
		北京，河北省，山东省，安徽省	-29.9
		湖北省，山西省，上海，福建省，广东省，天津，河南省，浙江省	3.7
		重庆，江苏省，湖南省，四川省	63.3
审计意见	audit_ category	无法表示意见	-116.1
		保留意见	-70.9
		带强调事项段的无保留意见	-41.9
		标准无保留意见	16.9
		NA	-40.8
变异系数_营业收入	cv_ of_ operating_ income	≤0.1	69.8
		≤0.4	17.1
		≤0.7	-10.1
		>0.7	-56.6
		NA	-56.2

续表

name	var	bin	score
变异系数_期初现金及现金等价物余额/期末现金及现金等价物余额	cv_ratio_of_cash_and_cash_equivalents_to_the_balance_of_cash_and_cash_equivalents_at_the_beginning_of_the_period	≤0.3	2.8
		≤0.65	17.4
		≤1.2	-8.5
		>1.2	-28.6
		NA	-18.2
变异系数_短期借款/流动负债	cv_ratio_of_short_term_borrowings_to_current_liabilities	≤0.3	-25.9
		≤0.68	20.4
		>0.68	64.2
		NA	29.3
变异系数_ROE	cv_roe	≤0	-42.4
		≤0.3	20.9
		≤1	12.4
		>1	-8.3
		NA	-30.4
均值_资产负债率	mean_debttoasset	≤40	37.1
		≤52	25.1
		≤75	-1.1
		>75	-28.1
		NA	-17.9

五、实证结果分析

全体样本的预测结果显示，违约概率大于1.6%的样本共220个，其中包括历史已违约样本56个，模型未预测出的违约样本为永泰能源股份有限公司。模型计算的永泰能源股份有限公司的违约概率为0.145%，违约概率排名为630名（按违约概率从高到低排序）。

本书对永泰能源股份有限公司与近期违约的两个主体华晨汽车集团控股有限公司（2020 年 10 月 23 日违约），永城煤电控股集团有限公司（2020 年 11 月 10 日违约）进行实例分析，其各指标得分情况如表 7－12 所示。

表 7－12　　典型案例的指标得分分析

发行人	华晨汽车集团控股有限公司	永城煤电控股集团有限公司	永泰能源股份有限公司
行业	－26.7	－0.4	－0.4
企业性质	54.8	54.8	－58.2
省份	－71.4	3.7	3.7
审计意见	16.9	16.9	16.9
变异系数_ 营业收入	17.1	69.8	69.8
变异系数_ 期初现金及现金等价物余额/期末现金及现金等价物余额	2.8	2.8	17.4
变异系数_ 短期借款/流动负债	－25.9	－25.9	20.4
变异系数_ ROE	12.4	－42.4	－8.3
均值_ 资产负债率	－1.1	－28.1	－1.1
得分	709.04	782.08	788.45
违约概率	0.0223	0.0018	0.0015
违约日期	2020/10/23	2020/11/10	2018/7/5
是否违约（截至 10 月 30 日）	1	0	1
总排名	198	566	630
行业排名	汽车 8/26	采掘 21/75	采掘 25/75

从得分明细看，本书得到两点启示。一是违约公司的个别财务指标表现良好，如变异系数_ 营业收入，故其财报可能存在一定程度的粉饰，需要对财务报表粉饰程度进行甄别；二是违约企业进入模型的财务指标对发行人的财务风险有一定的预测效果，但是仅利

用有限的财务定量指标难以客观全面的刻画该企业的违约风险。

评分按照20箱等频分箱，分布情况见表7-13。

表7-13 所有样本20箱等频分箱结果

序号	score	total	bad	good	total_ pct	bad_ pct	good_ pct	total_ cum_ pct	bad_ cum_ pct	good_ cum_ pct
1	(1007, 1067]	177	0	177	4.97%	0.00%	5.05%	4.97%	0.00%	5.05%
2	(982, 1007]	164	0	164	4.61%	0.00%	4.68%	9.58%	0.00%	9.73%
3	(964, 982]	192	0	192	5.39%	0.00%	5.48%	14.97%	0.00%	15.21%
4	(950, 964]	180	0	180	5.05%	0.00%	5.14%	20.02%	0.00%	20.35%
5	(937, 950]	183	0	183	5.14%	0.00%	5.22%	25.16%	0.00%	25.57%
6	(924, 937]	187	0	187	5.25%	0.00%	5.34%	30.41%	0.00%	30.91%
7	(915, 924]	155	0	155	4.35%	0.00%	4.42%	34.77%	0.00%	35.33%
8	(904, 915]	179	0	179	5.03%	0.00%	5.11%	39.79%	0.00%	40.44%
9	(891, 904]	192	0	192	5.39%	0.00%	5.48%	45.18%	0.00%	45.92%
10	(878, 891]	180	0	180	5.05%	0.00%	5.14%	50.24%	0.00%	51.06%
11	(868, 878]	171	0	171	4.80%	0.00%	4.88%	55.04%	0.00%	55.94%
12	(855, 868]	178	0	178	5.00%	0.00%	5.08%	60.04%	0.00%	61.02%
13	(842, 855]	176	0	176	4.94%	0.00%	5.02%	64.98%	0.00%	66.04%
14	(827, 842]	176	0	176	4.94%	0.00%	5.02%	69.92%	0.00%	71.06%
15	(813, 827]	182	0	182	5.11%	0.00%	5.19%	75.04%	0.00%	76.26%
16	(798, 813]	171	0	171	4.80%	0.00%	4.88%	79.84%	0.00%	81.14%
17	(779, 798]	175	1	174	4.91%	1.75%	4.97%	84.75%	1.75%	86.10%
18	(749, 779]	188	0	188	5.28%	0.00%	5.37%	90.03%	1.75%	91.47%
19	(704, 749]	177	3	174	4.97%	5.26%	4.97%	95.00%	7.02%	96.43%
20	(336, 704]	178	53	125	5.00%	92.98%	3.57%	100%	100%	100%

评分分布直方图如图7-2所示。

以违约概率2%（对应得分为713）作为违约预警的最优阈值。

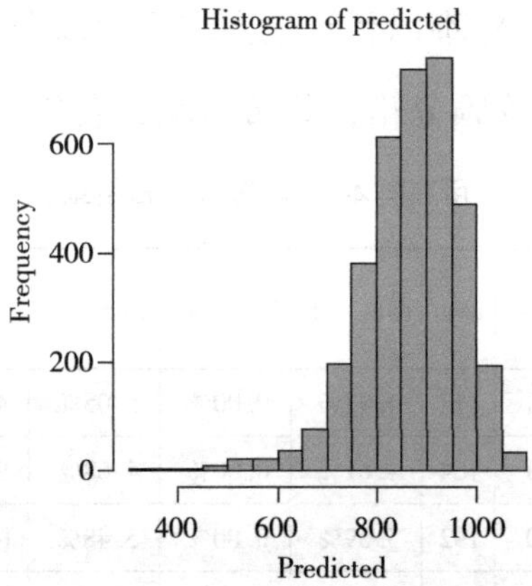

图 7－2　评分分布直方图

预测 2020 年违约概率高于 2% 的企业主体为 184 家，其中，实际已发生违约的主体有 35 家（截至 2020 年 12 月 8 日，全市场违约企业主体总共 50 家）。以违约概率 2% 为阈值，模型的效果如表7－14 所示，模型的灵敏度为 98.25%，特异性为 95.61%，准确度为 95.65%，F1 score 值为 0.4195。

表 7－14　模型的效果分析

truepredicted	0	1	总计
0	3350	154	3504
1	1	56	57
总计	3351	210	3561

机器学习模型和中债市场隐含评级同时预警的企业主体有 79 家，其中，2020 年实际违约主体有 32 家，未预警到的违约主体有 18 家。

六、机器学习模型的优势和局限性

（一）优势分析

机器学习模型利用众多维度结构化、非结构化的数据，结合业务经验进行数据探索，形成量化的进入模型的指标，然后采用严谨的统计建模技术进行违约概率预测。首先，进入模型的指标筛选、模型参数拟合、违约概率预测、评分转换等各环节均为基于样本数据得到的量化而客观的结果，一定程度上避免了传统专家评分的主观性；其次，模型对每个入模指标进行分箱处理和 WOE 转换，避免了实际生产中进入模型的指标的异常、缺失等可能导致的模型失效，使模型具有较强的稳健性；最后，模型结果可以给出样本违约概率的预测值，并通过评分转换准确衡量某样本各个指标的具体得分情况，使模型有较强的可解释性，并且方便模型的部署、监控、调整。

（二）局限性分析

1. 数据维度有待扩展

财务数据方面，目前仅使用了 20 个主要财务指标及其衍生指标进行指标筛选，由整个财务报表的数据可加工更多的指标，约 400 个财务指标，可做进一步探索。

由于财务报表往往存在不同程度的粉饰，而且发行人财报信息披露具有时滞性，仅通过财务信息，难以全面刻画企业经营情况，无法及时有效地评估企业真实的还款能力，对企业债券违约预测效果较弱。基于业务理解和数据探索，司法判决文书、场外融资信息、招聘信息、对外投资、关联交易、行政处罚、经营异常、大股东减持、人员变化、抵质押、税务等相关数据指标与企业债券违约风险具有一定的关联性，后续可考虑利用以上数据进行指标挖掘，丰富指标维度，进一步完善模型。

2. 数据建模层面有待进一步探索

（1）对财务报表做更精细的分析

可考虑获取更全面的财务报表数据，根据本福特法则进行财务报表粉饰甄别，以及基于业务规则进行财务健康分析，在此基础上搭建财务分析模型，作为风险监测预警模型的重要子模型。

（2）对正负样本不均衡的处理

对于违约样本过少的情况，一方面可考虑从技术层面采用多种方法进行正负样本不均衡处理，例如，BalanceCascade（级联）算法，即从多数类中有效地选择一些样本与少数类样本合并为新的数据集进行训练，训练上的模型每个多数类样本进行预测。若预测正确，则不考虑将其作为下一轮的训练样本，依次迭代直到满足某一停止条件，最终的模型是多次迭代模型的组合；采用SMOTE方法进行插值产生模拟样本，增加建模样本，进行正负样本均衡。另一方面可以对一些暂时没有违约但是其存在重大不确定性风险事件或存在重大兑付风险，且其重要财务指标均表现很差的主体做技术性违约处理，在总体样本中增加灰度样本，以便更准确地捕捉违约样本的特征。

（3）对机器学习方法进一步进行探索

首先，由于本书更关注模型的灵敏度，即正确预测的违约样本占真实违约样本的比例，所以可考虑在模型训练时加入代价敏感机制，以提高模型的稳健性和准确性。其次，某些指标之间存在较强相关性，可考虑采用主成分分析或因子分析在尽量减少信息损失的前提下减少指标数量。最后，随着数据维度以及样本量的增加，可尝试更多二分类的机器学习算法和深度学习算法进行更进一步的数据挖掘和探索。

（4）区分行业对模型整体做出规则性调整

虽然进入模型的指标本书尽量采用了相对值（如比率、变异系数等），而非绝对值的指标，消除了由于规模效应和量纲带来的不利影响，但是不同类别行业之间财务指标还是有所差异，可以考虑在总体模型的基础上，结合专家经验，按照行业对入模指标及模型结果做出规则性调整，以达到更精准的模型预测效果。

第八章　企业债务风险监测预警机制建设方案

为深入贯彻习近平新时代中国特色社会主义思想，落实中央经济工作会议部署和工作要求，加强规模以上企业资产负债约束和债务风险管控，增强经济发展韧性，提高经济发展质量，拟建设并持续完善企业债务风险监测预警机制。

一、总体目标

建设并持续完善企业债务风险监测预警机制，加强涉企信息整合和共享，建立覆盖各行业规模以上企业法人单位的债务风险监测预警系统数据库，分行业、分地区定期或不定期对企业债务风险进行动态监测、预警、分析和防范处置，重点做好大型企业债务风险监测、预警、分析和防范处置工作，强化企业外部约束，积极稳妥推进企业坚持稳健经营，科学管理，合理控制整体债务规模，实现高质量发展。

二、基本原则

一是坚持全面覆盖与突出重点相统一。企业债务风险监测预警机制远景目标将覆盖所有行业、所有类型规模以上企业。与此同时，将结合实际，突出监管重点，逐步扩大监测企业覆盖范围，并根据不同行业资产负债特征，分行业设置企业债务风险监测预警机制相关指标标准，对超出约束指标标准的企业，结合企业所处行业特征、发展阶段，在综合评价企业业务发展前景和各类财务或非财务指标的基础上，根据风险大小采取适当预警或管控措施。

二是坚持分类确定企业债务风险监测预警指标体系。企业债务风险监测预警指标体系建设应以资产负债率、利息保障倍数、经营活动净现金流等财务指标为基础，以关键非财务指标为补充，开展指标体系构建工作，对不同行业、不同类型规模以上企业实行分类管理并动态调整。原则上可以以本行业上年度规模以上全部企业平均资产负债率、利息保障倍数、经营活动净现金流等指标为基准线，在基准线上下加减点，明确预警线和重点监管线，进行风险等级划分，与此同时，尽可能参考影响企业正常经营的重大非财务指标信息，如税务、司法、环保、水电等公共管理部门掌握的非财务大数据。

三是坚持完善内部治理和强化外部约束相统一。企业是债务风险监测预警的第一责任主体，建设企业债务风险监测预警机制应同建立现代企业制度、优化企业治理结构、加强企业资产负债约束日常管理等工作有机结合，建立健全长效机制。同时，要通过强化信息披露、风险评估和监管问责，增强企业财务真实性和透明度，加强企业债务风险管理的外部约束。

四是坚持分工负责和密切协作相结合。围绕企业债务风险监测预警机制建设，以明确分工负责、强化部门协调联动为总要求，形成牵头部门负责、相关部门配合，根据需要商请外部合作机构参加的权责一致、规范有序、相互协调、运行高效的工作推进机制，加强部门间信息沟通、规划统筹、会商协调、跟踪问效等工作，合力推动企业债务风险监测预警机制建设方案落地。

三、主要任务

（一）企业债务风险监测预警组织架构建设

成立由发展改革部门、国有企业管理部门、财政部门、金融监管部门、金融基础设施、市场中介机构、行业协会和规模以上企业代表等构成的企业债务风险监测预警机制建设领导小组，负责统筹协调、整体推进、督促落实机制建设、运行和优化相关工作。领导小组下设工作办公室，履行工作任务分解落实、成员单位组织协调、重大情况及时报告、实施进度督促检查、工作绩效评价考核等职责。各成员单位各司其职、各负其责，加强债务源头管控，规范举债行为，合理配置资源，积极研究有关企业债务风险监测、预警、分析和防范化解的配套政策、制度和措施，形成推动风险防控的强大合力。

（二）企业债务风险监测预警分析体系建设

建立由财务指标、市场价格指标以及其他指标构成，“三位一体”的科学规范的企业债务风险监测预警指标体系。对财务指标或市场价格指标超过预警线和重点监管线的企业和其他指标显示正常经营存在重大隐患的企业，结合其有息负债和经营性负债等债务类型结构、短期负债和中长期负债等债务期限结构，以及息税前利润、利息保障倍数、流动比率、速动比率、经营活动现金净流量等指标，在综合分析企业所处行业政策环境、行业发展周期、竞争格局、企业战略和公司治理、业务运营情况、财务情况等信息的基础上，科学评估企业债务风险状况，进行风险等级划分，并列示出重点关注和重点监管企业名单，对其债务风险情况持续监测分析。

（三）企业债务风险监测预警系统数据库建设

建设具有实时风险监控能力的企业债务风险监测预警系统数据库，为完善企业债务风险监测预警机制提供技术保障。中央结算公司可受主管部门委托，作为系统建设单位，负责企业债务风险监测预警系统数据库建设、运维和优化，开展和风险监测预警相关的信息收集、分析、报送与发布工作。相关系统数据库拟分为三个主要部分：系统数据库中心端、系统数据库企业客户端、系统数据库主管部门客户端。系统数据库是按照企业债务风险监测预警指标体系来构建、存储和管理数据的仓库，具有数据读写及存储、统计分析、后台管理等多个功能。中心端通过将数据库系统与中债信息网进行连通，实现在中债信息网进行监测预警（包括但不限于数据统计、分析、查询、下载等功能）。企业客户端主要实现企业债务风险监测预警指标体系相关数据与中心端的交互。主管部门客户端主要实现企业债务风险监测预警指标体系相关数据的查询、下载功能。

（四）企业债务风险监测预警方法完善

完善、优化和综合运用“传统信用评级”“市场隐含评级”“大数据评级”等债务风险监测预警方法。一方面，要充分发挥传统信用评级方法对债务风险监测预警的基础性和综合性作用，另一方面，也要充分认识到传统信用评级在信息获取、处理和发布等方面的滞后性，进一步充分运用考虑市场价格信息的隐含评级方法和考虑非财务信息的大数据评级方法，以提高企业债务风险监测预警的全面性、及时性和前瞻性。未来，随着数据时代的来临，数据源的丰富、数据库技术的成熟，应更多地探索运用人工智能、区块链、大数据等技术开展债务风险监测预警，充分发挥数据力量，为市场主体风险管理提供有力技术支撑。

（五）高债务风险企业限期降低债务率机制建设

建设高债务风险企业限期降低债务率机制，对高债务风险企业，特别是列示出重点关注和重点监管企业名单的企业，相关主管部门和行业协会要在领导小组的指导下，明确企业降低债务率的目标和时限，并负责监督实施。对未达标企业，不得实施推高债务率的境内外投资，重大投资要履行专门审批程序，严格高风险业务管理，并应大幅压减各项费用支出。与此同时，要依据市场化法治化原则，积极通过提质增效、优化债务结构、开展股权融资、进行并购重组、实施市场化债转股等途径有效降低企业债务水平。

（六）企业债务风险事件应急处置工具箱建设

制定企业债务风险事件应急处置预案，完善并不断丰富政策工具箱。各相关单位应结合自身实际加快建立相应应急处置机制，按照企业债务风险事件的性质、影响范围和危害程度等情况，划分风险等级，并根据债务风险等级，实行分级响应和分类处置，以停建缓建项目、变现资源资产、调度各类存款、协调金融机构等方式应对突发债务风险，确有必要时可启动企业重整计划，并依法实施责任追究程序。

四、保障措施

（一）明确各类主体职责

企业是落实债务风险监测预警工作的第一责任主体，应明确自身资产负债率控制目标，深化内部改革，强化自我约束，加强信息披露，有效防范债务风险，确保企业可持续经营。相关市场中介机构要根据企业资产负债和生产经营情况，审慎评估企业债务融资需求，协助企业平衡股债融资比例，优化资产负债管理，及时报告企业债务风险相关信息。有关行业协会和主管部门对债务率相关指标长期超出合理水平的企业及其主要负责人，要加大沟通和监管力度，督促企业管控债务风险，承担偿债责任。各相关单位要按照本方案确定的总体目标，分解落实、细化要求、加强组织协调，有关情况及时报告领导小组办公室。

（二）优化工作机制

为高效推动企业债务风险监测预警机制建设相关工作，各相关单位应在领导小组的指导下，建立月例会、季通报、年考核制度和相应工作机制，推动企业债务风险监测预警工作常态化、长效化。按月召开领导小组办公室主任会议，部署安排、推动实施重点工作。按季组织召开领导小组全体会议或专题会议，审议重大政策、重要问题和改革任务等，通报重点企业债务风险状况，统筹协调解决跨地区、跨部门、跨行业问题。对风险较高的地区、行业、企业实施“一对一”指导帮扶，督促建立和完善债务风险管控措施，协调解决难点问题，研究制定债务化解支持政策。建立债务风险防控重点工作台账，实施定期监督检查，对各地区、各行业进行年度考核。

（三）强化跨部门信息共享和社会公开监督约束

依托企业债务风险监测预警机制建设领导小组工作机制，建立部门联席例会制度，充分运用大数据等手段，健全企业财务信息、审计监督信息、监管信息、金融统计信息互联共享机制，加强资金跨界监管，多维度预研预判风险，防止各类风险相互叠加。对列入重点关注和重点监管企业名单的企业实施有计划的联合风险排查，相关情况及时报送领导小组办公室，并由领导小组办公室通报相关主管部门，为相关主管部门开展工作提供必要基础信息。与此同时，有关单位要将各类企业债务率相关指标预警线和重点监管线，以及按照规定应公开的企业财务信息，通过“信用中国”等媒介向社会公开，接受社会监督。

（四）加强金融机构对高负债企业的协同约束

对相关指标超出预警线和重点监管线的企业和非财务指标显示正常经营存在重大隐患的企业，金融机构要加强企业信息共享，摸清企业表内外融资、对外担保和其他隐性负债情况，全面审慎评估企业信用风险，并根据风险状况合理确定利率、抵质押物、担保等贷款条件和其他中介服务条件。对列入重点关注企业名单的企业，新增债务融资原则上应通过金融机构联合授信方式开展，由金融机构共同确定企业授信额度，避免金融机构无序竞争和过度授信，严控新增债务融资。对列入重点监管企业名单的企业，金融机构原则上不得对其新增债务融资。

（五）强化企业财务失信行为联合惩戒机制

有关单位要加强企业财务真实性和透明度审核监督。企业负责人对企业财务真实性负全责，要确保企业不虚报资产、隐匿债务，财务信息真实可靠。市场中介机构要严格按照会计准则规范出具审计报告、评级报告、资产评估报告等，客观准确反映企业资产负债状况、信用风险状况等。行业协会和主管部门要加强社会信用体系建设，完善企业财务失信行为联合惩戒机制，将违法违规企业、中介机构及相关责任人员纳入失信人名单，并依法依规严格追究责任，加大处罚力度。

第九章　主要研究结论

本书基于境内外的典型案例，分析了企业债务风险的形成机理和演化过程，从宏观形势政策、中观行业区域、微观企业经营三个层面识别和评估企业债务风险。以2019年末公开发行公司信用类债券的3000多家企业主体为样本，采用传统打分卡、中债市场隐含评级和机器学习模型量化监测企业债务风险，三种方法的综合比较如表9－1所示。本书的主要结论和政策建议如下。

表9－1　　三种监测预警方法的综合比较

研究方法	方法1：打分卡	方法2：中债隐含评级	方法3：机器学习	方法2∩方法3	方法2∪方法3
预测周期	1年	1年	1年	1年	1年
是否分行业	是	否	否	否	否
样本量	房地产：330家；煤炭：67家；钢铁：34家；合计：431家	公司信用类债券的3029家企业主体	公司信用类债券的3561家企业主体		
阈值	房地产：3%；煤炭：6%；钢铁：5%	A＋	违约率2%		
预警企业主体	16家	164家	184家	79家	269家
其中：命中违约主体	3家	34家	35家	32家	37家

续表

研究方法	方法1： 打分卡	方法2： 中债隐含评级	方法3： 机器学习	方法2∩ 方法3	方法2∪ 方法3
今年实际违约主体	6家	50家	50家	50家	50家
命中率	50.00%	68.00%	70.00%	64.00%	74.00%
误伤率	81.25%	79.27%	80.98%	59.49%	86.24%
漏网率	50.00%	32.00%	30.00%	36.00%	26.00%
优势	不受样本量约束	1. 预测频率较高； 2. 综合反映市场预期	1. 结果区分度好； 2. 客观性强； 3. 可解释性强		
局限性	1. 需要分行业建模； 2. 权重主观性较强； 3. 每个预测期权重不具可比性	1. 对二级市场流动性要求较高； 2. 评级结果区分度不够	1. 对样本数据要求较高； 2. 对数据质量要求较高		

注：①命中率＝预警企业中实际违约家数/预警企业家数

②误伤率＝预警企业中实际未违约家数/预警企业家数

③漏网率＝未预警但实际违约企业家数/预警企业家数

1. 企业债务风险的形成原因主要包括宏观形势政策、中观行业区域、微观企业特性三个层面因素。

本书分析了境内外八家典型案例企业债务风险的形成原因和演化过程，提炼出企业债务风险形成的主要原因包括宏观经济波动、宏观政策变化、区域经济发展、产业结构调整、企业股东背景、业务激进扩张、超额对外担保、公司治理不善三个层面的八大因素。

2. 打分卡模型作为传统的信用风险监测方法，具有一定的预警效果。但打分卡模型需分行业建模，权重严重依赖主观经验且经常变动，量化结果的横向和纵向可比性较弱。

本书建立了房地产、钢铁和煤炭三个行业的打分卡模型，以2018年数据回测2019年信用风险事件的方式，确定了各指标的最佳权重。同时，以相同的权重和2019年的数据，预测2020年的企业债务风险。以三个行业公司信用类债券431家发行主体为实证样本，以三个行业的历史违约率作为预警阈值，2020年被打分卡预警的高风险企业数量为16家，命中了实际违约企业5家中的3家，命中率为18.75%。但因打分卡需分行业建模，其预测结果不具有行业横向可比性。此外，打分卡权重设计的主观性较强，严重依赖专家经验，且权重会根据形势变化而变化，预测结果不具有纵向可比性。

3. 中债市场隐含评级以市场价格信号为基础，可不区分行业、及时、动态地监测企业债务风险，预测结果的精准性和及时性较高。

本书以2019年末公司信用类债券3029家发行主体为样本，以中债市场隐含评级为指标，监测预警这些企业在2020年的债务风险。根据历史数据，中债市场隐含评级在AA-级以下的发行人信用风险明显上升，在A+级及以下的发行人违约概率较高。课题以A+级作为预警阈值，被中债市场隐含评级预警的企业主体有164家，其中，2020年实际违约的企业主体有34家，命中率为20.73%，未被预测到的违约主体有16家。2020年首次违约的28家发行主体中，有21家发行的债券在2019年末已被降至A+级以下。

4. 机器学习模型以企业自身所处的区域、行业和经营等大数据作为监测预警的基础，可直接预测企业的债务违约概率，实证结果的精准性和区分度较高。但机器学习模型对基础数据的范围、频率和质量等要求较高。若能获得范围更广、质量更好的基础数据，可大幅提升预测的准确率。

综合考虑指标的有效性和数据的可获得性，本书选取了 7 个定性指标和 20 个定量指标作为机器学习模型的入模指标，计算 2019 年末公司信用类债券 3561 家发行主体在 2020 年的债务风险。根据历史数据，公司信用类债券的违约率为 1.6%。本书以违约率 2% 作为预警阈值，结果显示，2020 年违约率高于 2% 的主体有 184 家，其中，2020 年已经发生违约的主体有 35 家，命中率为 19%，未预测到的违约发行主体有 15 家。

5. 同时以中债市场隐含评级和机器学习模型作为监测预警方法，可大幅缩小预警企业范围，提高预警的精准性，提升防范和化解风险的效率。

对比中债市场隐含评级和机器学习模型的结果，同时被两种方法预警的企业主体有 79 家，大幅缩小了预警企业范围。79 家被同时预警的企业主体中，有 32 家在 2020 年已经发生违约，命中率为 40%，未被预测到的企业主体有 18 家。

6. 本书中的三种方法仅可以预测因偿债能力恶化导致的企业债务风险，因偿债意愿低下导致的债务风险拉低了课题研究结果的准确性。

本书中三种监测预警方法的假设前提是，企业债务风险仅来源于企业偿债能力的恶化，三种方法都只预测企业的偿债能力风险，而不预测企业的偿债意愿风险。所以，因偿债意愿低下导致的企业债务风险案例，如永城煤电，拉低了课题研究结果的准确性。

参考文献

［1］艾仁智．城投公司信用评级方法的比较与思考［J］．清华金融评论，2019（7）：37－39.

［2］白智慧．上市公司引入非财务指标的财务危机预警研究［D］．天津：天津财经大学，2013.

［3］鲍新中，武鹏，周雨．基于聚类－灰色关联分析的财务预警指标筛选研究［J］．中国注册会计师，2012（7）：72－78.

［4］藏波．企业债券违约的治理结构重塑——现状、原因与有效规制［J］．新金融，2016（9）：51－52.

［5］曹勇，李孟刚，李刚，洪雅惠．基于信用利差与 Logistic 回归的公司违约概率测算模型与实证研究［J］．运筹与管理，2016（6）：209－223.

［6］曹振江．国有大型煤炭企业财务风险研究［J］．会计之友，2011（9）：43－44.

［7］陈超．中小企业信用评级方法及途径分析［J］．商场现代化，2019（2）：101－102.

［8］陈静．上市公司财务恶化预测的实证分析［J］．会计研

究，1999（4）：31－38.

［9］陈军飞，张强．基于随机森林－支持向量机的企业债主体信用评级研究［J］．金融理论与实践，2016（3）：80－84.

［10］陈卫东，熊启跃．中国非金融企业杠杆率的国际比较与政策建议［J］．国际金融研究，2017（2）：3－11.

［11］程昊，齐浩天．市场隐含评级的优势及应用实践［J］．债券，2020（1）：56－59.

［12］程智荣．中小企业信用评估和风险定价研究——以“新三板”挂牌企业为样本［J］．福建金融，2018（10）：55－60.

［13］戴红军，冀隆炜．基于主成分和 Logistic 的上市公司财务危机预警模型研究［J］．淮南师范学院学报，2009（1）：129－133.

［14］丁爽．中国企业债务风险与去杠杆进程［J］．新金融，2017（8）：8－13.

［15］董申，王倩．基于机器学习的信用评级展望研究——以发电企业为例［J］．农村金融研究，2017（3）：41－46.

［16］董裕平．警惕地方企业债务违约风险［J］．中国金融，2017（11）：77－79.

［17］范善明．新时期钢铁企业财务风险管理分析［J］．当代会计，2020（6）：64－65.

［18］方匡南，范新妍，马双鸽．基于网络结构 Logistic 模型的企业信用风险预警［J］．统计研究，2016，33（4）：50－55.

［19］龚朴，何旭彪．信用风险评估模型与方法最新研究进展

[J]. 管理评论, 2005 (5): 8-16.

[20] 关林炎, 查凯文. 基于CAPM模型对上证钢铁板块的实证分析 [J]. 时代金融, 2017 (6): 284-285.

[21] 管超, 毕盛. 信用债内部评级方法: 构造与运用 [J]. 西南金融, 2018 (11): 26-34.

[22] 广东省国资委. 广东省省属企业加强债务管理严控债务风险暂行办法 (粤国资财务〔2017〕11号). 2017.

[23] 郭斌, 戴小敏, 曾勇, 方洪全. 我国企业危机预警模型研究——以财务与非财务因素构建 [J]. 金融研究, 2006 (2): 78-87.

[24] 郭文涛. 经济新常态下企业债券信用风险预警研究 [J]. 经济风向标, 2019 (18): 56-58.

[25] 郭晔, 黄振, 王蕴. 未预期货币政策与企业债券信用利差——基于固浮利差分解的研究 [J]. 金融研究, 2016 (6): 67-80.

[26] 郭云康. 基于KMV模型钢铁企业违约率的计算 [J]. 时代金融, 2017 (5): 144-145+148.

[27] 国家发展改革委员会. 2018年降低企业杠杆率工作要点 (发改财金〔2018〕1135号). 2018.

[28] 国家发展改革委员会. 2019年降低企业杠杆率工作要点 (发改财金〔2019〕1276号). 2019.

[29] 过新伟. 我国中小企业信用风险度量研究 [D]. 天津: 南开大学, 2012.

[30] 韩鑫韬，梁雁．地方债务风险预警经验［J］．中国金融，2016（2）：84－85.

[31] 何平．信用评级在中国债券市场的影响力［J］．金融研究，2010（4）：15－28.

[32] 黄超．企业债券信用风险有关问题研究［D］．武汉：武汉大学，2015.

[33] 黄琛．我国信用债券违约风险测度及预警机制研究[D]．沈阳：辽宁大学，2019.

[34] 黄金老．通过债务置换化解民营企业债务风险的思考［J］．新金融评论，2020（1）：62－67.

[35] 黄善东，杨淑娥．公司治理与财务困境预测［J］．管理科学，2007（2）：63－67.

[36] 黄志忠，谢军．宏观货币政策、区域金融发展和企业融资约束——货币政策传导机制的微观证据［J］．会计研究，2013（1）：63－69＋96.

[37] 焦少飞，王孟阳．煤炭行业产能过剩、融资结构与债务风险［J］．西部金融，2017（11）：66－69.

[38] 解文增，王安兴．公司个体特征、经济状态变量与公司债利差［J］．投资研究，2014（1）：86－104.

[39] 金涛，徐彪．浅论企业财务风险的成因与控制［J］．金卡工程，2010（1）：220.

[40] 李波．信用风险内部评级模型的验证方法研究［J］．金融纵横，2017（9）：64－73.

［41］李春晓．包钢集团债务风险化解研究聂世鑫［D］．呼和浩特：内蒙古大学，2020.

［42］李帆，杜志涛，李玲娟．企业财务预警模型：理论回顾及其评论［J］．管理评论，2011，23（9）：144－151.

［43］李海姣，黄健青．我国房地产上市公司信用评级研究——基于BP神经网络方法［J］．上海立信会计金融学院学报，2020，32（2）：15－26.

［44］李鸿禧．企业信用评级的国际经验与方法研究［J］．新金融，2020（1）：54－58.

［45］李建华，韩岗，韩晓普．基于 Credit Portfolio View 的信用风险度量模型研究［J］．工业技术经济，2008（3）：46－48.

［46］李萌，王近．内部控制质量与企业债务违约风险［J］．国际金融研究，2020（8）：77－86.

［47］李奇霖，钟林楠．中国四十年债务增长评述［J］．中国金融，2019（22）：55－56.

［48］李启萌．债务违约影响要素与信用评级机制研究［D］．成都：西南财经大学，2019.

［49］李晚晴，田野．我国企业部门杠杆率及其债务风险的辩证分析［J］．金融监管研究，2018（2）：55－70.

［50］李兴法，王庆石．基于 CreditMetrics 模型的商业银行信用风险应用研究［J］．财经问题研究，2006（12）：12－16.

［51］连志超．中国地方政府债务风险及其预警研究［D］．长春：吉林大学，2011.

[52] 梁媛媛. 房地产企业负债经营风险及其防控措施 [J]. 经济研究导刊, 2020 (26): 25-26.

[53] 林成德, 彭国兰. 随机森林在企业信用评估指标体系确定中的应用 [J]. 厦门大学学报 (自然科学版), 2007 (2): 199-203.

[54] 林汉川, 夏敏仁. 企业信用评级理论与实务 [M]. 北京: 对外经济贸易大学出版社.

[55] 刘贺. 中国企业债券市场发展与风险管控研究 [D]. 长春: 吉林大学, 2018.

[56] 刘鎏. 甘肃公航旅集团债务风险研究控制 [D]. 兰州: 兰州理工大学, 2020.

[57] 刘旻. 上市公司财务状况异常的预警分析 [J]. 管理现代化, 2001 (2): 38-42.

[58] 刘现伟, 刘丽华. 钢铁行业去产能成效与高质量发展研究 [J]. 经济纵横, 2019 (2): 41-48+2.

[59] 刘英. 中国债务的国际比较 [J]. 中国金融, 2016 (14): 35-36.

[60] 刘雨晨. 公司债的评级方法要引入社会责任因素 [J]. 现代商业, 2016 (5): 110-111

[61] 刘玉敏, 刘莉, 任广乾. 基于非财务指标的上市公司财务预警研究 [J]. 商业研究, 2016, (10): 87-92.

[62] 刘再杰, 李艳. 负利率背景下国际债券市场的新动向与应对策略 [J]. 新金融, 2016 (12): 35-40.

[63] 刘照，刘兢轶．大数据背景下科技型中小企业财务危机预警模型的实证分析［J］．产业与科技论坛，2019，18（3）：101－102.

[64] 卢恒．企业债务风险防范探析［J］．国际金融，2004（3）：38－40.

[65] 陆婷．中国非金融企业债务：风险、走势及对策［J］．国际经济评论，2015（5）：67－77.

[66] 陆正飞，何捷，窦欢．谁更过度负债：国有还是非国有企业［J］．经济研究，2015（11）：54－67.

[67] 罗平．外部信用评级与内部信用评级体系［M］．北京：中国金融出版社，2004.

[68] 罗玉，肖丽雯，杨泽鹏．基于机器学习方法的城投债偿债风险评估［J］．对外经贸，2019（10）：102－104.

[69] 吕明峰．我国中小企业信用风险分析及违约预警机制的建立—基于修正的 KMV 模型［D］．成都：西南财经大学，2013.

[70] 马洪文．提升国有企业债务风险防范能力的几点思考［J］．财经界，2020（7）：88－89.

[71] 马若微．KMV 模型运用于中国上市公司财务困境预警的实证检验［J］．数理统计与管理，2006（9）：593－601.

[72] 马秀斌，张庆君．金融周期、融资约束与企业债务风险［J］．金融与经济，2020（6）：82－89.

[73] 毛振华，袁海霞，李诗．稳增长与防风险的双底线思维［J］．中国金融，2016（20）：89－90.

[74] 毛振华．监管强化与风险释放的平衡［J］．中国金融，2017（14）：72－74.

[75] 孟磊．企业财务风险的防范与控制［J］．经济研究导刊，2008（6）：21－22.

[76] 缪延亮，胡李鹏，李欣．防范债务风险的国际经验［J］．中国金融，2019（22）：51－52.

[77] 潘俊等．财政透明度与城投债信用评级［J］．会计研究，2016（12）：72－78.

[78] 潘永明，王雅杰，来明昭．基于IG－SVM模型的供应链融资企业信用风险预测［J］．南京理工大学学报，2020，44（1）：117－126.

[79] 裴棕伟，顾伟忠．关于区域金融风险传导机制及其防范研究［J］．价格理论与实践，2019（8）：8－11.

[80] 彭国兰，林成德．基于随机森林的企业信用评估模型［J］．福州大学学报（自然科学版），2008（S1）：153－156.

[81] 彭建刚，吕志华．基于违约损失率变化的CreditRisk＋模型的一种修正［J］．预测，2009（6）：48－52.

[82] 彭伟．基于KMV模型的上市中小企业信贷风险研究［J］．南方金融，2012（3）：23－30.

[83] 卿固．信用评级方法模型的研究综述与展望［J］．西部金融，2015（5）：41－45.

[84] 深圳市国资委．关于加强市属国有企业财务管理工作的指导意见．2020.

[85] 沈彦菁，张榕薇，朱维聪．基于机器学习方法的小微企业融资特征分析研究——关于嘉兴市 33305 家小微企业的 SVM 模型实证分析 [J]．金融经济，2019 (10)：105－108.

[86] 盛雯雯．我国债务问题类型与风险 [J]．中国金融，2016 (21)：59－61.

[87] 石笑．光伏企业债务违约风险成因与防控 [J]．公司与会计治理，2019 (10)．

[88] 宋献中，吴一能，宁吉安．货币政策、企业成长性与资本结构动态调整 [J]．国际金融研究，2014 (11)：46－55.

[89] 孙璐．上海华信国际集团债券违约的成因及启示 [D]．保定：河北金融学院，2020.

[90] 谭小芬，李源．新兴市场国家非金融企业债务：现状、成因、风险与对策 [J]．国际经济评论，2018 (5)：61－77.

[91] 田思思．资本论视阈下当代国际金融危机的成因分析 [J]．才智，2014 (33)：2－10.

[92] 汪莉，陈诗一．政府隐性担保、债务违约与利率决定 [J]．金融研究，2015 (9)：66－81.

[93] 汪勇，马新彬，周俊仰．货币政策与差异性企业杠杆率——基于纵向产业结构的视角 [J]．金融研究，2018 (5)：47－64.

[94] 王博．货币政策不确定性、违约风险与宏观经济波动 [J]．经济研究，2019 (3)：119－134.

[95] 王芳，王宣艺，陈硕．经济学研究中的机器学习：回顾与

展望［J］. 数量经济技术经济研究，2020，37（4）：146－164.

［96］王俊籽，刘澜涛. 基于 Logistic 模型的我国商业银行房地产信贷风险研究［J］. 经济与管理评论，2017，33（2）：86－95.

［97］王丽. 基于“Z－Score”模型的我国上市交通运输企业财务预警研究［D］. 天津：中国民航大学，2008.

［98］王丽琳，单玉坤. 运用“Z 评分法”对上市公司财务风险的评价研究——以煤炭行业为例［J］. 中国商论，2017（19）：111－112.

［99］王庆，姚康. 基于随机子空间集成学习的中小企业信用评估方法研究［J］. 上海管理科学，2018，40（3）：94－97.

［100］王琼、陈金贤. 信用风险定价方法与模型研究［J］. 现代财经，2002（4）：14－16.

［101］王舒雅. 东北特钢债券违约因素分析研究［D］. 北京：北京交通大学，2019.

［102］王文静. 联合信用评级机构的信用评级方法优化研究［D］. 广州：广东财经大学，2019.

［103］王宗军，李红侠等. 非财务视角下的财务困境预警——对中国上市公司的实证研究［J］. 管理科学，2006（3）：71－80.

［104］危明铸，麦伟杰，袁峰等. 基于机器学习的企业运行风险研究［J］. 软件，2019，40（8）：29－37.

［105］文舒. 信用评级违约率测算方法比较分析［J］. 金融纵横，2020（5）：94－100.

［106］吴静怡. 信用债违约风险的影响因素及防范对策研究

[D]. 武汉：中南财经政法大学，2019.

[107] 夏利宇，张勇，鲁强，汤广瑞. 结合 XGBoost 算法和 Logistic 回归的信用评级方法 [J]. 征信，2019，37 (11)：56-59.

[108] 夏敏仁、林汉川. 企业信用评级：基于国外经验的中国体系研究 [M]. 上海：上海财经大学出版社，2006.

[109] 肖立晟，袁野，柯楚秋. 审视中国的债务风险 [J]. 中国金融，2019 (11)：39-41.

[110] 熊正德，张帆，熊一鹏. 引入 WFCM 算法能提高信用违约测度模型准确率吗？——以沪深 A 股制造业上市公司为样本的实证研究 [J]. 财经理论与实践，2018 (1)：147-153.

[111] 徐彪. 财务造假特征与识别——一个评分模型的建立 [R]. 天风策略，2019.

[112] 徐文舸，包群. 货币政策调控与融资结构变化——基于企业所有制与规模差异的研究视角 [J]. 金融评论，2016 (1)：81-98+126.

[113] 徐晓莉，陈佩佩. 基于主成分判别分析模型的房地产上市企业财务风险研究 [J]. 经济研究导刊，2018 (24)：121-123.

[114] 徐晓萍，马文杰. 非上市中小企业贷款违约率的定量分析——基于判别分析法和决策树模型的分析 [J]. 金融研究，2011 (3)：111-120.

[115] 徐占东，王雪标. 一种利用 Pls 提取因子的财务危机预警模型 [J]. 数学的实践与认识，2016 (2)：50-61.

[116] 闫衍. 中国信用市场：从风险加速暴露到信用分化[J].

金融市场研究，2019（12）：33－48.

［117］严经曦．营改增后房地产公司税务风险研究［J］．企业改革与管理，2019（1）：146－147.

［118］严一翔、周旭媛．从中债市场隐含评级看信用债投资的风险预警［J］．债券，2019（3）：63－68.

［119］杨国旗．我国企业债券违约的影响因素及其对策研究［D］．北京：中国财政科学研究院，2016.

［120］杨志勇．有效约束地方债务需求扩张［J］．中国金融，2018（8）：54－56.

［121］尹中立．房地产金融政策导向出现的变化及原因［J］．清华金融评论，2019（8）：55－57.

［122］于静霞，周林．货币政策、宏观经济对企业债券信用利差的影响研究［J］．财政研究，2015（5）：49－57.

［123］余敏，朱兆珍．财务危机预警指标体系及指数构建——来自创业板上市公司的证据［J］．河海大学学报哲学社会科学版，2015，17（1）：60－65.

［124］余欣媛．基于Logistic模型的企业债券违约影响因素的研究［J］．时代金融，2017（18）：194－200.

［125］翟东升，张娟，曹运发．KMV模型在上市公司信用风险管理中的应用［J］．工业技术经济，2007（1）：126－127＋134.

［126］张爱民，祝春山，许丹健．上市公司财务失败的主成分预测模型及其实证研究［J］．金融研究，2001（3）：10－25.

［127］张斌．债务的边界［J］．中国金融，2019（22）：

46－48.

［128］张朝洋，胡援成．货币政策调整、公司融资约束与宏观审慎管理——来自中国上市公司的经验数据［J］．中国经济问题，2017（5）：107－119.

［129］张佳林，张玲．信用风险评估方法趋势［J］．预测，2000（6）：72－75.

［130］张靖佳，刘澜飚，马雪卓．量化宽松政策对我国企业债务风险的差异性影响［J］．经济学动态，2020（3）：52－68.

［131］张榕薇．基于机器学习方法的小微企业信用风险评估问题研究——关于嘉兴市小微企业2013－2017年金融信用信息的实证分析［J］．嘉兴学院学报，2019，31（4）：64－71.

［132］张郁．民营企业债务扩张驱动的信用风险［J］．山东社会科学，2020（8）．

［133］张中秋．上市企业贷款违约风险的实证研究——基于判别分析的Logistic回归组合法与决策树模型的分析［J］．时代金融，2018（32）：365－367.

［134］赵秀英．略论企业财务风险管理［J］．中央财政金融学院学报，1994（4）：28－31.

［135］赵亚，李田，苑泽明．基于随机森林的企业信用风险评估模型研究［J］．财会通讯，2017（29）：110－114.

［136］赵志冲．基于违约损失率的小企业信用风险评级研究［D］．大连：大连理工大学，2017.

［137］郑彩飞，颜莉．“Z计分”模型在浙江省民营上市公司

财务风险监测与危机预警中的应用［J］．商业经济，2011（22）：104－106.

［138］中共中央办公厅、国务院办公厅．关于加强国有企业资产负债约束的指导意见，2018.

［139］中国人民银行金融稳定分析小组．中国金融稳定报告2020，2021.

［140］中国人民银行南京分行征信管理处课题组．小微企业央行内部评级方法研究［J］．金融纵横，2019（1）：74－82.

［141］周俊仰，汪勇，韩晓宇．去杠杆、转杠杆与货币政策传导——基于新凯恩斯动态一般均衡的研究［J］．国际金融研究，2018（5）：24－34.

［142］周梅，刘传哲．信用类债券的政府信用及违约承担机制研究［J］．经济问题，2013（12）：56－59.

［143］周岩，霍天翔．债务规模与银行不良处置［J］．中国金融，2016（21）：62－63.

［144］朱雅霜．防范与控制企业财务风险的措施［J］．会计之友，2008（35）：31.

［145］Altman E I，Haldeman R，Narayanan P. ZETA Analysis：A New Model to Identify Bankruptcy Risk of Corporations［J］．Journal of Banking and Finance，1977，1（1）：29－54.

［146］Altman E I. Financial Ratios，Discriminant Analysis and the Prediction of Corporate Bankruptcy［J］．Journal of Finance，1968，23（4）：589－609.

[147] Beaver W. Financial Ratios as Predictors of Failure [J]. Journal of Accounting Research, 1966 (4): 71-111.

[148] Breiman L. Random Forests [J]. Machine Learning, 2001, 45 (1): 5-32.

[149] David, A. Inflation Uncertainty, Asset Valuations, and the Credit Spreads Puzzle [J]. Review of Financial Studies, 2008, 21 (6): 2487-2534.

[150] Elekdag S, Wu Y Q. Rapid Credit Growth: Boon or Boom-bust [R]. IMF Working Paper, 2011, 11/241.

[151] Mizgier K J, Wagner S M, Holyst J A. Modeling Defaults of Companies in Multi-stage Supply Chain Networks [J]. International Journal of Production Economics, 2012, 135 (1): 14-23.

[152] Odom M D, Sharda R A. Neural Network for Bankruptcy Rediction [J]. International Joint Conference on Neural Networks, 1990, 2 (6): 163-168.

[153] Ohlson J A. Financial Ratios and the Probabilistic Prediction of Bankruptcy [J]. Journal of Accounting Research, 1980 (18): 109-131.

[154] Prinzie A, Poel D V D. Random Forest for Multiclass Classification: Random Multinomial Logit [J]. Working Papers of Faculty of Economics & Business Administration Ghent University Belgium, 2008, 34 (3): 1721-1732.

[155] Tang A P, Xu L. Institutional Ownership, Internal Control

Material Weakness and Firm Performance [J]. Social Science Electronic Publishing, 2007, 49 (2): 93-117.

[156] Zhang Shuai, Hong Min. Design of Credit Risk Evaluation System Based on the Fuzzy Neural Network and Expert System [J]. Applied Mechanics and Materials, 2014, 543-547: 4523-4527.

[157] Zhu You, Xie Chi, Wang Gangjin, et al. Comparison of Individual, Ensemble and Integrated Ensemble Machine Learning Methods to Predict China's SME Credit Risk in Supply Chain Finance [J]. Neural Computing and Applications, 2017 (28): 41-50.